SYMFONY FRAMEWORK

DESARROLLO RÁPIDO DE APLICACIONES WEB

2ª Edición

Miguel Torres Hernández

IT Campus Academy

ISBN-13: 978-1540420022

TABLA DE CONTENIDOS

4

5

CONOCIENDO EL FRAMEWORK

ARQUITECTURA

Symfony2 está totalmente basado en la especificación HTTP. Esto significa que además de ser más interoperable con la web, también tiene la simplicidad y la robustez de la misma. El framework se compone de varias capas independientes que van desde los componentes (que implementan las funcionalidades comunes necesarias para el desarrollo web) hasta las distribuciones.

Cuando decimos que el framework se basa en la especificación HTTP, nos referimos justamente al proceso de intercambio de mensajes de la misma. La especificación (a pesar de ser una lectura grande y tediosa) establece básicamente un mecanismo de mensajería, del formato y de los posibles valores para los elementos que componen estos mensajes. Por ejemplo:

Request:
HEAD / HTTP/1.1
Host: www.example.com
Response:
HTTP/1.0 302 Found
Location: http://www.iana.org/domains/example/
Server: BigIP

Connection: Keep-Alive
Content-Length: 0

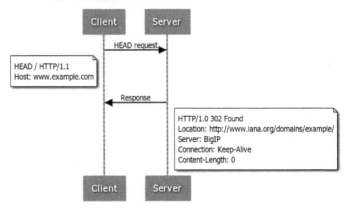

La petición HEAD anterior solicita la información sobre el recurso disponible en la URL/ en el host www.example.com. Una petición HEAD es similar a una petición GET, excepto que no solicita la devolución de la representación del recurso (por ejemplo, el contenido HTML de una página). En PHP, interactuamos con peticiones y respuestas HTTP de forma implícita casi todo el tiempo:

```
<?php
// Implícita
$uri = $_SERVER['REQUEST_URI'];
$foo = $_GET['foo'];
// Explícita
header('Content-type: text/html');
// Implícita
```

```php
echo 'The URI requested is: '.$uri.PHP_EOL;
echo 'The value of the "foo" parameter is:
'.$foo.PHP_EOL;
```

En Symfony la abstracción de la interacción con HTTP se implementa en los componentes HttpFoundation y HttpKernel. El componente HttpFoundation contiene los principales objetos para gestionar HTTP:

- Request: esta clase abstrae las principales variables globales de PHP ($_GET, $_POST, $_COOKIE, $_FILES y $_SERVER)

- Response: abstrae funciones y construcciones como header (), setcookie () y echo

- Session y SessionStorageInterface: abstraen la gestión de sesión (funciones session _*())

Además de la abstracción de las variables globales, la clase request tiene métodos utilitarios que facilitan el análisis de la solicitud:

```php
<?php
use Symfony\Component\HttpFoundation\Request;
$request = Request::createFromGlobals();
// la URL solicitada menos los parámetros de query
$request->getPathInfo();
```

```
// devuelve las variables de GET y POST,
respectivamente
$request->query->get('foo');
$request->request->get('bar', 'default value if bar does not
exist');
// devuelve la variable SERVER
$request->server->get('HTTP_HOST');
// devuelve una instancia de UploadedFile identificado por
foo
$request->files->get('foo');
// devuelve el valor de una COOKIE
$request->cookies->get('PHPSESSID');
// devuelve un encabezado de petición HTTP usando
claves  normalizadas en caja baja
$request->headers->get('host');
$request->headers->get('content_type');
// GET, POST, PUT, DELETE, HEAD
$request->getMethod();
// un array de idiomas que el cliente acepta
$request->getLanguages();
```

Del mismo modo, Symfony proporciona una clase Response:

```
<?php
use Symfony\Component\HttpFoundation\Response;
$response = new Response();
```

```
$response->setContent('<html><body><h1>Hello
world!</h1></body></html>');
$response->setStatusCode(200);
$response->headers->set('Content-Type', 'text/html');
// imprime los encabezados HTTP seguido por el
contenido
$response->send();
```
Solamente con estas dos clases es posible interactuar con la solicitud y crear respuestas de forma orientada a objetos. El propósito de una aplicación web es siempre interpretar una solicitud y devolver una respuesta apropiada basada en la lógica de la aplicación.

COMPONENTES

A diferencia de la versión 1.X y 0.X, Symfony2 tiene como base un conjunto de componentes independientes que se pueden utilizar en cualquier proyecto PHP. Los componentes de la versión 2.1 son:

- BrowserKit: simula el comportamiento de un navegador web, con soporte para cookies e historial. Proporciona una clase Client abstracta que debe extenderse para implementar el método doRequest (). En Symfony, este componente proporciona la infraestructura necesaria para la creación de pruebas de funcionamiento a través de la clase WebTestCase.

- ClassLoader: facilita la carga automática de clases para los proyectos que siguen el estándar PSR-0 o la convención de nombres PEAR.

- Config: proporciona la infraestructura para cargar la configuración de diferentes fuentes de datos y, opcionalmente, monitorear estos para el cambio. Tiene herramientas adicionales para validar, normalizar y manejar los valores por defecto que se pueden convertir de diferentes formatos para arrays. La representación intermedia es un árbol de objetos del tipo Symfony\Config\Definition\Interface. En el framework, se utiliza en gran medida por el contenedor de inyección de dependencia.

- Console: facilita la creación de interfaces de línea de comando (bonitas y testables, según dice la documentación oficial) con soporte para salida de color, abstracciones de entrada y salida (input/output) para facilitar pruebas unitarias, validación, mensajes de ayuda automáticos y otras características.

- CssSelector: convierte selectores CSS (por ejemplo #main div.content p) en expresiones XPath.

- En Symfony, este componente hace que sea fácil comprobar la existencia de contenido en una

12

página HTML devuelta en una sesión de pruebas funcionales a través de la clase WebTestCase.

- DependencyInjection: el famoso, robusto y flexible Contenedor de Inyección de Dependencia. Permite la definición de servicios, gestionando sus interdependencias y permitiendo el desarrollo de una aplicación orientada a servicios.

- DomCrawler: facilita la navegación en documentos HTML y XML. También forma parte de la infraestructura que facilita la creación de pruebas funcionales a través de la clase WebTestCase.

- EventDispatcher: proporciona una implementación de design pattern observer. Parte de su implementación es un puerto de la implementación de la biblioteca Doctrine Common.

- Filesystem: expone utilidades de manipulación del sistema de archivos de forma orientada a objetos.

- Finder: permite buscar archivos y directorios en un sistema de archivos a través de una interfaz fluida.

- Form: casi un framework por sí solo, es un componente rico en funcionalidades que permite la creación, procesamiento y manejo de los envíos de formularios. Posee integración con el componente Validation.

- HttpFoundation: define una capa orientada a objetos en la parte superior de la especificación HTTP, con abstracciones para solicitudes, respuestas, envío de archivos (upload) y sesiones. Las clases Request y Response - las principales abstracciones de la especificación HTTP - se definen en este componente.

- HttpKernel: es el kernel del framework Symfony. El componente proporciona una manera flexible de crear frameworks basados en la especificación HTTP. Su principal interfaz - HttpKernelInterface - declara el método handle () que es responsable de la conversión de una solicitud (una instancia de Request) en una respuesta (una instancia de Response).

- Locale: tiene implementaciones en user land que se utilizan cuando la extensión PHP intl no está habilitada. Internamente utiliza los datos proporcionados por el proyecto ICU (International Components for Unicode) para proporcionar nombres localizados de países, idiomas, lugares y formato de los valores monetarios o numéricos. Es otro ejemplo del uso de normas bien establecidas

14

para hacer el framework más interoperable. Se utiliza sobre todo con el componente Form.

- OptionsResolver: ayuda a configurar objetos a través de arrays. Es un componente muy útil porque permite especificar valores predeterminados, obligatorios, opcionales y restricciones de tipo, así como normalizaciones que se deben ejecutar en los valores presentes en el array el cual se pasa al objeto para su configuración.

- Process: permite ejecutar comandos en subprocesos de forma compatible entre plataformas Unix y Windows.

- Routing: asocia una solicitud con el código que lo convertirá en una respuesta. En resumen, proporciona el mapeamiendo de URL paths para controllers.

- Security: proporciona la infraestructura de autenticación y autorización así como otras funciones relacionadas con la seguridad de acceso a las áreas restringidas.

- Serializer: convierte una estructura de datos (por ejemplo, objetos y gráficos de objetos) en una matriz y luego en un formato de salida (XML o

JSON). También hace lo contrario, es decir, la deserialización de una cadena a una matriz y luego a la estructura de datos que representa.

- Templating: es un conjunto de herramientas para prestar y gestionar la herencia de templates. Proporciona una implementación del motor de template usando PHP con funcionalidades adicionales como vía de salida y separación de templates en bloques y diseños.

- Translation: proporciona herramientas para cargar archivos de traducción y para generar strings traducidos a través de estos archivos, incluyendo soporte para pluralización.

- Yaml: implementa la especificación YAML 1.2. La clase Yaml tiene dos métodos importantes: parse () (que hace el parsing de un string Yaml, devolviendo una matriz) y dump () (que convierte un array en un string YAML).

Todos los componentes de Symfony tienen un repositorio Git. La instalación individual se puede hacer a través de un *clone* en el repositorio como también a través del uso de PEAR o usando Composer.

BUNDLES

Un *bundle* es una forma de agrupar funcionalidades. Es un concepto similar al de un plugin, con la diferencia de que todo en Symfony es un *bundle*, core del framework al código escrito exclusivamente para su aplicación. Otra diferencia es que los *bundles* son ciudadanos de primera clase en Symfony, pudiendo acceder al contenedor de inyección de dependencia para definir y recuperar servicios, además de otros *bundles* para sobreponer partes específicas, como templates, reglas de validación y controllers entre otros.

En definitiva, un *bundle* es simplemente un conjunto estructurado de archivos dentro de un directorio que implementan una funcionalidad específica. El framework Symfony2 es en sí mismo un *bundle* - el FrameworkBundle – el cual contiene la mayoría de las características básicas del framework, tales como la configuración de sesiones, traducciones, formularios, validación y enrutamiento entre otros:

```
FrameworkBundle/
|-- CacheWarmer
|-- Command
|-- Console
|-- Controller
|-- DataCollector
|-- DependencyInjection
|  `-- Compiler
|-- EventListener
```

```
|-- HttpCache
|-- Resources
| |-- config
| |-- public
| `-- views
|-- Routing
|-- Templating
| |-- Asset
| |-- Helper
| `-- Loader
|-- Test
|-- Tests
| |-- CacheWarmer
| |-- Command
| |-- Console
| |-- Controller
| |-- DependencyInjection
| |-- EventListener
| |-- Fixtures
| |-- Functional
| |-- Routing
| |-- Templating
| |-- Translation
| `-- Validator
|-- Translation
`-- Validator
```

Los otros *bundles* que componen el framework Symfony son: SecurityBundle, TwigBundle y

WebProfilerBundle. Estos *bundles* también tienen repositorios Git independientes y se pueden instalar a través de un clone del repositorio o a través del Composer.

LA PUNTA

Además de los *bundles* estándares de Symfony, hay miles de *bundles* de terceros que puede incorporar en su proyecto, como el SitemapBundle (generación de sitemaps), el AvalancheImagineBundle (manipulación de imágenes), el FOSRestBundle (herramientas para desarrollar APIs RESTful) y el FOSUserBundle (gestión de usuarios). El uso de *bundles* de terceros es una gran forma de optimizar el tiempo de desarrollo, evitando la reinvención de procesos ya creados. Crear *bundles* para uso interno de su organización es también una interesante forma de reutilizar funcionalidades entre diferentes proyectos de Symfony. Los servicios de búsqueda de *bundles* KnpBundles y Symfohub son una excelente fuente para descubrir *bundles* que pueden ser útiles en su proyecto.

DISTRIBUCIONES

Hemos visto que Symfony se compone de componentes individuales y de *bundles*, siendo el propio framework un *bundle* con el objetivo de integrar los diversos componentes independientes para proporcionar una experiencia consistente para el desarrollador. Las distribuciones de Symfony son análogas a las distribuciones Linux. Una distribución Symfony proporciona un esqueleto de proyecto con configuraciones sensibles además de poder empaquetar bibliotecas y *bundles* adicionales. La distribución más conocida es la Standard (Symfony Standard Edition) y es la que vamos a abordar durante este libro. Ejemplos de otras distribuciones son: Symfony Standard Sonata Distribution y Symfony Hello World Edition.

MANOS A LA OBRA

Acceda a la siguiente URL en el navegador http://localhost/symfony-standard/web-scripts/http-sfrequest.php?foo=1 para ver el rendimiento de los métodos del objeto Request. A continuación, ejecute vía cURL los siguientes comandos:

$ cd /vagrant/symfony-standard
$ curl http://localhost/symfony-standard/web-scripts/http-sf-request.php?foo=1
$ curl -F "foo=@composer.json" http://localhost/symfony-standard/web-scripts/http-sf-request.php
$ PHPSESSID=$(curl -v http://localhost/symfony-standard/web-scripts/session.php &>/tmp/session &&

```
cat /tmp/session | grep 'PHPSESSID' | sed -n -E
's/[[:blank:]]|(< Set\-Cookie\: PHPSESSID=)|(;path=\)//gp')
$ curl -b PHPSESSID=$PHPSESSID
http://localhost/symfony-standard/web-scripts/http-sf-
request.php
```

Introduzca también el URL http://localhost/symfony-standard/web-scripts/http-sf-response.php:

```
$ curl -b PHPSESSID=$PHPSESSID
http://localhost/symfony-standard/web-scripts/http-sf-
response.php
```

cURL es un programa indispensable para varias pruebas en aplicaciones web, siendo muy útil para probar y explorar APIs REST o REST-like como las APIs del Lovefilm y de bases en SQL como Riak y CouchDB.

INSTALACIÓN

En el transcurso de este libro, vamos a utilizar la distribución Standard de Symfony (Symfony Standard Edition) la cual se recomienda en la documentación de Symfony para su uso en el desarrollo. Esto es así porque la distribución está configurada para permitir la codificación por convención (por medio de configuración estándar sensible):

- Twig es el único motor de template configurado

- Doctrine ORM/DBAL viene configurado

- Swiftmailer viene configurado

- Annotations está habilitada para todo

Además de venir con los siguientes *bundles* preconfigurados:

- FrameworkBundle, TwigBundle, SecurityBundle y WebProfilerBundle (*bundles* core de Symfony)

- SensioFrameworkExtraBundle

- DoctrineBundle: añade soporte para Doctrine ORM

- SwiftmailerBundle: añade soporte para SwiftMailer, una biblioteca de envío de correo electrónico

- MonologBundle: añade soporte para Monolog, una biblioteca de logging

- AsseticBundle: añade soporte para Assetic, una biblioteca de procesamiento de archivos web

- JMSSecurityExtraBundle: permite la configuración de seguridad a través de *annotations*

- JMSDiExtraBundle: añade características de inyección de dependencia más potentes

- SensioDistributionBundle: añade funcionalidad de perfiles y una barra de depuración web

- SensioGeneratorBundle: añade características de generación de código

- AcmeDemoBundle: un *bundle* de demostración con código de ejemplo

Hay dos formas de instalar la distribución. Una haciendo la descarga del paquete tgz:

```
$ curl -o Symfony_Standard_Vendors_2.1.3.tgz -L
http://symfony.com/download?v=Symfony_Standard_Ven
dors_2.1.3.tgz
$ tar xzvf Symfony_Standard_Vendors_2.1.3.tgz
$ ls Symfony
```

La otra forma es instalándolo a través de *Composer*:

```
$ composer.phar create-project symfony/framework-
standard-edition symfony-standard 2.1.3
$ ls symfony-standard
```

Después de la instalación siempre es importante comprobar si el entorno está configurado correctamente:

```
$ cd symfony-standard
```

$ php app/check.php

Como el PHP-CLI puede usar un archivo de configuración diferente del binario utilizado por el servidor web, es necesario comprobar si la configuración es correcta cuando se visita la ruta web/config.php a través del navegador: http://localhost/symfony-standard/web/config.php

Si cualquier problema de configuración se ha señalado, corríjalo. En este caso, vamos a establecer una zona horaria por defecto en la directiva date.timezone (para evitar errores al usar alguna función fecha/hora) y a desactivar las tags de apertura cortas del PHP (por recomendación). Abra el archivo php.ini y haga los siguientes ajustes:

$ sudo vi /etc/php5/apache2/php.ini
date.timezone = Spain/Madrid
short_open_tag = Off

Reinicie el servidor web y vuelva a revisar la página web/config.php:
$ sudo/etc/init.d/apache2 restart
Como nuestro entorno es de desarrollo, no habilitaremos un acelerador de PHP. En entornos de producción, le recomendamos la instalación de un acelerador ya que el número de archivos de código fuente en PHP es muy grande y tenerlos pre-compilados y en

caché es una medida fácil de optimización del rendimiento. El APC (Alternative PHP Cache) es uno de los aceleradores PHP más populares.

CREACIÓN DE LA PRIMERA PÁGINA

Con Symfony correctamente instalado, vamos a crear nuestra primera página. Necesitamos, básicamente:

- Crear una nueva ruta: una ruta mapea a una URL de su página con el *controller* que debe ejecutarla para generar una respuesta para una solicitud

- Crear un *controller*: un *controller* es una función PHP que recibe la solicitud y la convierte en un objeto Reponse de Symfony que se devuelve al usuario

Pero antes de crear la ruta, tenemos que crear un *bundle*.

CREAR EL PRIMER BUNDLE

En el apartado de arquitectura de Symfony, dijimos que el framework en sí es un *bundle* y que el propio código de la aplicación en sí se encuentra en un *bundle*. Teniendo en cuenta que vamos a proceder a la creación de nuestra página, ¡tenemos que crear un *bundle* para poder iniciar la programación!

Para hacer nuestra vida más fácil, la distribución Standar viene con una herramienta de línea de comandos con varios comandos que nos ayudan en el día a día del desarrollo de aplicaciones web. En la raíz del proyecto Symfony, ejecute:

$ php app/console

Aparecerá una lista con los comandos disponibles. El comando que nos interesa es el generate:bundle. Puede mostrar el contenido de la ayuda para el comando utilizando la opción -h o --help:

$ php app / console generate:bundle --help

Ahora ejecute el comando sin la opción de ayuda. Se le harán algunas preguntas durante la ejecución del comando. Para la primera, responda Proyecto/MiPrimerBundle. A la pregunta sobre el formato de configuración (Configuration format), responda yml. A la pregunta acerca de la estructura de directorios (Do you want to generate the whole directory structure) responda yes. En otras preguntas, simplemente pulse ENTER para utilizar el valor predeterminado:

$ php app/console generate:bundle

El comando generará la siguiente estructura de directorios y archivos:

```
src/Proyecto/

`-- MiPrimerBundle

|-- Controller

|   `-- DefaultController.php

|-- ProyectoMiPrimerBundle.php

|-- DependencyInjection

|   |-- Configuration.php

|   `-- ProyectoMiPrimerExtension.php

|-- Resources

|   |-- config

|   |   `-- services.xml

|   |-- doc

|   |   `-- index.rst

|   |-- public

|   |   |-- css

|   |   |-- images

|   |   `-- js
```

```
| |-- translations
| |  `-- messages.fr.xlf
|  `-- views
|  `-- Default
|  `-- index.html.twig
 `-- Tests
 `-- Controller
 `-- DefaultControllerTest.php
```

Consejo: puede ejecutar el comando con un valor predeterminado para las opciones. Para hacer una prueba, elimine el directorio src/Proyecto y revierta los archivos modificados por la consola del Symfony:

$ rm -rf src/Proyecto
$ git checkout - app /

Y a continuación, ejecute:

$ php app / console generate: bundle --namespace = Proyecto/MiPrimerBundle --format=yml –dir=src

Perciba que la primera opción, bundle namespace viene con el valor sugerido de Proyecto/MiPrimerBundle. Para omitir las preguntas por completo, utilice la opción --

no-interaction (para usarla, es necesario establecer los valores de las opciones obligatorias, en este caso --namespace y --dir):

$ php app/console generate: bundle --namespace = Proyecto/MiPrimerBundle –format=yml --dir = src --no-interaction

Nota: Si usted está siguiendo este material usando la máquina virtual basada en Vagrant, los comandos relacionados con el desarrollo (por ejemplo, la llamada a la consola del Symfony o la implementación de PHPUnit) se deben realizar dentro de la máquina virtual.

Tenga en cuenta que la estructura de directorios por defecto es bastante simple y el nombramiento de sus directorios sigue un conjunto de convenciones que ayudan a mantener la organización coherente en todos los *bundles* de Symfony:

- Controller/: contiene los *controllers* de un *bundle*

- DependencyInjection/: contiene clases para la extensión y la normalización de la configuración del contenedor de inyección de dependencias para el bundle

- Resources/config: contiene archivos de configuración

- Resources/doc: contiene los archivos de documentación sobre el *bundle*. Consulte la documentación de FOSUserBundle, como un buen ejemplo de documentación de las opciones de configuración y uso de un *bundle* de distribución pública

- Resources/public: contiene componentes web (archivos CSS, JavaScript, imágenes) que están vinculados simbólicamente en el directorio web/ de la raíz del proyecto para ejecutar los activos del comando assets:install de la consola de Symfony

- Resources/translations: contiene archivos de traducción que se utilizan si la aplicación se encuentra

- Resources/view: contiene archivos de templates, organizados por el nombre del *controller*, por ejemplo: Default / index.html.twig

- Tests/: ¡esenciales!

Nota: la distribución Symfony Standard Edition contiene un *bundle*, el AcmeDemoBundle, que contiene muchos ejemplos de código interesantes, como la extensión del Twig DemoExtension, el formulario ContactType, el detector de eventos ControllerListener y la configuración de dos servicios en el contenedor de inyección de dependencia (consulte el archivo Resources/config/services.xml). Es un buen recurso de buenas prácticas en el desarrollo de *bundles*.

Con nuestro *bundle* creado, ¡vamos a crear la primera página!

Nombre del bundle

En Symfony, el nombre de un bundle es usado como namespace. El namespace debe seguir el estándar PSR-0 para namespaces PHP y nombres de clase: comienza con un segmento de proveedores, seguido de uno o más segmentos de categoría y entonces el segmento con el nombre corto del namespace, con el sufijo Bundle. Sin embargo, un *bundle* se convierte en un namespace sólo cuando hay una clase *bundle*. En nuestro primer *bundle*, la clase es ProyectoMiPrimerBundler, ubicada en el archivo src/Proyecto/MiPrimerBundle/ProyectoMiPrimerBundle.php. Usted verá el namespace siendo usado en varias configuraciones del enrutamiento de las llamadas de template. Las reglas para el nombramiento de un bundle son:

- Utilice únicamente caracteres alfanuméricos y guiones bajos

- Utilice un nombre CamelCased

- Utilice un nombre corto y descriptivo (no más de dos palabras)

- Prefijar el nombre con la concatenación de un proveedor (y opcionalmente los segmentos de categorías)

- Sufijar el nombre con Bundle

Ejemplos de espacios de nombres y *bundles* válidos (el nombre del bundle es también el nombre de la clase *bundle*):

Namespace	Nombre del paquete
Acme\Bundle\BlogBundle	AcmeBlogBundle
Acme\Bundle\Social\BlogBundle	AcmeSocialBlogBundle
Acme\Bundle\Social\Hype\BlogBundle	AcmeSocialHypeBlogBundle
Acem\BlogBundle	AcmeBlogBundle
Acme\SocialBLogBundle	AcmeSocialBlogBundle

CREANDO LA RUTA

Nuestra primera página será la tan famosa Hello World. En el inicio de esta sección, afirmamos que la creación de una página en Symfony se divide en dos pasos: la creación de una nueva ruta y la creación de un *controller*. Crear una ruta es muy simple. Abra el archivo src/Proyecto/MiPrimerBundle/Resources/config/routing.ym l y añada al final del archivo:

```
proyecto_primer_hello_world:
pattern: /hola
defaults: {_controller: ProyectoMiPrimerBundle:Proyecto:
index}
```

La sintaxis de configuración es muy simple, consistiendo en un nombre (proyecto_primer_hello_world), un pattern (que es la URL a la que la ruta irá a mapear) y un array defaults, que debe contener el *controller* que se ejecutará (en este caso, ProyectoMiPrimerBundle:Proyecto:index). ProyectoMiPrimerBundle:Proyecto:index es el nombre lógico del *controller*, que veremos con más detalle más adelante.

Nota: el ejemplo de configuración anterior utiliza el formato YAML (YAML Ain't Markup Language), que es un estándar de serialización de datos amigable para su uso en cualquier lenguaje de programación. Se utiliza para archivos de configuración debido a que su sintaxis es muy simple y fácil de leer.

Además de YAML, Symfony permite utilizar otros formatos de configuración como XML, PHP y *annotations*.

CREANDO EL CONTROLLER

Con la ruta creada, ahora es el momento de crear el *controller*. Un *controller* en este contexto no es más que una clase PHP y un método que se ejecutará para satisfacer una petición, devolviendo un resultado (una respuesta a la solicitud).

Cree el archivo ProyectoController.php en el directorio src/Proyecto/MiPrimerBundle/Controller con el siguiente contenido:

```php
<?php
namespace Proyecto\MiPrimerBundle\Controller;
use Symfony\Component\HttpFoundation\Response;
class ProyectoController
{
public function indexAction()
{
return new Response("<html><body>Hola
mundo!</body></html>");
}
}
```

Tenga en cuenta que no hay nada especial en el *controller*. Symfony no requiere que usted cree un *controller* como una subclase. Todo lo que necesita es crear un método para manejar la petición y devolver un objeto Response. Ahora, vaya a http://localhost/symfonystandard/web/app_dev.php/hola a través de un navegador.

Bueno, podemos mejorar un poco este ejemplo. En lugar de dar la bienvenida al mundo, saludaremos a alguien en particular. Para ello, cambie la ruta que hemos creado:

proyecto_primer_hello_world:
    pattern: / hola / {nombre}
    defaults: {_controller:
ProyectoMiPrimerBundle:Proyecto:index}

Y cambie el método indexAction () de la clase ProyectoController:

public function indexAction ($nombre)
{
return **new** Response ('<html> <body> Hola, <strong> $nombre </ strong> </ body> </ html> ");
}

Visite la página de nuevo, añadiendo el nombre que desee saludar en la dirección, por ejemplo: http://localhost/symfony-standard/web/app_dev.php/hola/Pedro. Tenga en cuenta los valores de ruta: ahora contiene un placeholder. Esto significa que cualquier solicitud para hola/ * se asignará a este *controller*. En el *controller*, el valor de cada placeholder se pasa como argumento (en este caso $nombre).

CREAR EL TEMPLATE

El *controller* creado en la sección anterior muestra lo fácil que es crear una página en Symfony. Sin embargo, no es tan práctico retornar un objeto Response con todo el HTML de la pagina pasado en su constructor. La lógica de presentación debe estar en un *template*.

Volviendo a nuestro *controller*, cámbielo de nuevo:

```php
<?php
namespace Proyecto\MiPrimeBundle\Controller;
use
Symfony\Bundle\FrameworkBundle\Controller\Controller;
class ProyectoController extends Controller
{
public function indexAction($name)
{
return $this-
>render('ProyectoMiPrimerBundle:Proyecto:index.html.twi
g', array(
```

```
'nombre' => $nombre
));
}
}
```

Tenga en cuenta que esta vez extendemos una clase del framework. La clase Symfony\Bundle\FrameworkBundle\Controller\Controller contiene una serie de accesos directos que hacen más fáciles tareas como renderizar un *template* (mediante el método render ()).

La llamada a render() en el ejemplo anterior renderiza el *template* Twig identificado con el nombre lógico ProyectoMiPrimerBundle:Proyecto:index.html.twig. Twig es el motor de template estandar de la distribución Symfony Standard Edition, así como el nombre lógico del *template*.

Cree el archivo index.html.twig en el directorio src/Proyecto/MiPrimerBundle/Resources/views/Proyecto:

```
<html>
    <body>
        Hola {{nombre}}! ¿Qué tal estás?
    </body>
</html>
```

Actualice la página en su navegador. Crear una página en Symfony es muy sencillo, ¿no le parece?

RESUMEN

En este primer capítulo hemos visto cómo Symfony está diseñado en torno a la especificación HTTP, su organización en componentes, bundles y distribuciones. Utilizamos la distribución Standard Edition para crear una página simple, creando antes un bundler y entendiendo su estructura de directorios.

Al asignar una ruta a un controller, vimos cómo Symfony abarca el concepto de solicitud y respuesta del HTTP, al solicitar sólo un controller devuelve un objeto Response. Al final se utilizó un template Twig para separar la lógica de la presentación de la lógica de la aplicación en un template Twig.

CREACIÓN DE RUTAS Y MANIPULACIÓN DE DATOS DE LA PETICIÓN

En el anterior capítulo, vimos un ejemplo básico de creación de rutas y definición de *controller* para la creación de la primera página. El enrutamiento en Symfony es muy sencillo pero también muy robusto. En este capítulo veremos con más detalle cómo funciona el enrutamiento en Symfony, las definiciones de *controllers* y la manipulación de datos de solicitud y sesión.

ENRUTAMIENTO

Como vimos anteriormente, una ruta no es más que la asignación de una dirección URL a un *controller*. Al recibir una solicitud en la URL, Symfony lo remitirá a un *controller* que deberá devolver una instancia de Response.

Tomemos, por ejemplo, la ruta proyecto_primer_hello_world del primer capítulo:

```
proyecto_primer_hello_world:
    pattern: / hola
```

default: {_controller: ProyectoMiPrimerBundle: Proyecto: index}

Una ruta se compone de por lo menos tres elementos básicos: un nombre (proyecto_primer_hello_world), un pattern (que es la dirección URL que se va a mapear) y un array defaults (que necesita de al menos una entrada _controller con el *controller* que se deberá ejecutar cuando se solicite la URL de pattern).

En defaults, la clave _controller contiene el nombre lógico del *controller*. Este nombre es útil si usted sigue las convenciones del framework, ya que mapea la URL a un *controller* de manera más concisa. En el nombre lógico, cada parte separada por dos puntos (:) tiene un significado:

nombre-del-bundle:nombre-del-controller:nombre-de-acción

En el ejemplo de la primera página:

ProyectoMiPrimerBundle: Proyecto: index

Cuando llega una petición en ese mapeamiento, Symfony sabe que tiene que delegar el procesamiento de solicitud al *controller* ProyectoController, en su método indexAction. Tenga en cuenta que Symfony añade la

40

cadena Controller en el nombre de la clase Action en el nombre del método.

Siguiendo las convenciones de la organización de directorios de los *bundles* en Symfony, este nombre lógico se asigna al método indexAction de la clase ProyectoController encontrada en el archivo ProyectoController.php en el directorio Proyecto/MiPrimerBundle/Controller/ProyectoController.php.

Otra forma de configurar el *controller* que se utilizará es usando el nombre completo de la clase *controller* (Fully-Qualified Class Name o FQCN):

```
proyecto_primer_hello_world:
pattern: / hola
default: {_controller:
Proyecto\MiPrimerBundle\Controller\ProyectoController::indexAction}
```

LOS ARCHIVOS DE CONFIGURACIÓN

Symfony carga todas las rutas de la aplicación de un único archivo de configuración, por lo general app/config/routing.yml. Pero la mejor práctica consiste en definir la información de las rutas en los *bundles* y luego importar los archivos al archivo principal. Abriendo el archivo app/config/routing.yml, observamos que este importa el archivo src/Proyecto/MiPrimerBundle/Resources/config/routing.yml del *bundle* ProyectoMiPrimerBundle:

proyecto_primero:
resources:"@ProyectoMiPrimerBundle/Resources/config/routing.yml"
prefix: /

La sintaxis @ProyectoMiPrimerBundle se ampliará a la ruta del directorio del *bundle* ProyectoMiPrimerBundle. Siempre que tenga que importar un archivo de configuración de un *bundle*, prefiera esta sintaxis cuando utilice la ruta completa. Es más concisa y flexible, puede cambiar la ruta de acceso al *bundle* sin afectar la carga del archivo de configuración. La clave prefix define un prefijo que se añade a todas las rutas del archivo que se está importando. Cambie el valor de prefijo para /proyecto y verá que ahora, para acceder a nuestra página hola mundo necesita usar la URL/proyecto/hola/nombre:

```
proyecto_primero:
resources: "@ ProyectoMiPrimerBundle/Resources/config/routing.yml"
prefix: /proyecto
```

CONFIGURACIÓN DE RUTAS

PLACEHOLDERS

En el primer capítulo, hemos visto la definición de una ruta básica y actualizada para definir un *placeholder*:

proyecto_primer_hello_world:
pattern: / hola / {nombre}
defaults: {_controller: ProyectoMiPrimerBundle:Proyecto: index}

Sólo hay un problema en esta configuración. No se puede acceder a la URL /hola sin pasar un valor al placeholder {nombre}. Esto sucede porque el placeholder es obligatorio en esta configuración.

Para hacer que un placeholder sea opcional basta con definir su valor por defecto dentro del array defaults:

proyecto_primer_hello_world:
pattern: / hola / {nombre}
defaults: {_controller: ProyectoMiPrimerBundle: Proyecto:index, nombre: 'Pedro'}

Añada otro *placeholder* a esa ruta, con el nombre {apellido}:

proyecto_primer_hello_world:
pattern: / hola / {nombre}/{apellido}
defaults: {_controller: ProyectoMiPrimerBundle:
Proyecto:index, nombre: 'Pedro', apellido: 'López'}

Y actualice el método indexAction () del *controller*
ProyectoController, para recibir este nuevo parámetro:

```php
<?php
namespace Proyecto\MiPrimerBundle\Controller;
use
Symfony\Bundle\FrameworkBundle\Controller\Controller;
class ProyectoController extends Controller
{
public function indexAction($apellido, $nombre)
{
return $this-
>render('ProyectoMiPrimerBundle:Proyecto:index.html.twi
g', array(
'nombre' => $nombre,
'apellido' => $apellido,
));
}
}
```

Tenga en cuenta que incluso con el orden de los argumentos en la firma del método indexAction () invertidos, Symfony pasa el valor de los *placeholders* correctamente. Eso es debido a que el sistema de enrutamiento pasa el valor del *placeholder* para el argumento del mismo nombre.

REQUIREMENTS

Otra opción muy útil en la configuración de rutas de Symfony es la definición de *requirements* (requisitos) para los *placeholders* de una ruta. Para entender mejor esto, vamos a crear dos nuevas rutas:

proyecto_primer_proyecto_lista:
pattern: /proyectos/{pagina}
defaults: { _controller:
ProyectoMiPrimerBundle:Proyect:lista, pagina: 1 }
proyecto_primer_proyecto_mostrar:
pattern: /proyectos/{nombre}
defaults: { _controller:
ProyectoMiPrimerBundle:Proyecto:mostrar }

Y a actualizar el *controller* con el siguiente código:

```
<?php
namespace Proyecto\MiPrimerBundle\Controller;
use
Symfony\Bundle\FrameworkBundle\Controller\Controller;
use Symfony\Component\HttpFoundation\Response;
class ProyectoController extends Controller
{
public function indexAction($apellido, $nombre)
```

```php
{
return $this-
>render('ProyectoMiPrimerBundle:Proyecto:index.html.twi
g', array(
'nombre' => $nombre,
'apellido' => $apellido,
));
}
public function listaAction($pagina)
{
return new Response("<html><body>listado, página
$pagina</body></html>");
}
public function mostrarAction($nombre)
{
return new Response("<html><body>proyecto, nombre
$nombre</body></html>");
}
}
```

La lógica de este ejemplo es tener dos páginas distintas: una lista de proyectos paginada y una página que mostrará los detalles de un proyecto. En su navegador, por favor visite http://localhost/symfonystandard/web/app_dev.php/proyec tos/1 y luego la página http://localhost/symfony-standard/web/app_dev.php/proyectos/symfony2. Si usted prestó atención, notó que ambas direcciones llevaron a la ejecución del action listAction. El problema aquí es que las rutas establecidas son equivalentes, no hay forma de que Symfony distinga entre ellas. En tales casos, la primera ruta definida siempre gana.

La solución a este problema es añadir un *requirement* (requisito) en la ruta. Los requisitos son expresiones regulares que un placeholder debe cumplir para que la ruta se elija para procesar la solicitud. En el ejemplo anterior, actualice la ruta proyecto_primer_proyecto_lista:

proyecto_primer_proyecto_lista:

pattern: /proyectos/{pagina}
default: {_controller:
ProyectoMiPrimerBundle:Proyecto:lista:pagina: 1}
requirements:
pagina: \ d +

Visite una de las páginas de nuevo y listo. Las rutas ahora funcionan como se esperaba.

REQUISITOS DE MÉTODOS HTTP

Además de añadir *requirements* a los placeholders, también puede restringir los métodos HTTP que pueden utilizarse para pedir una ruta determinada (ejemplos: GET, HEAD, POST, PUT, DELETE). Esta restricción es muy útil, por ejemplo, para crear rutas idénticas donde sólo una se puede solicitar a través de POST para procesar los datos procedentes de un formulario. El caso típico es un formulario de contacto:

proyecto_primer_contactenos:

pattern: /contactenos
defaults: { _controller:
ProyectoMiPrimerBundle:Proyecto:Contacto }
requirements:
_method: GET
proyecto_primer_contactenos_procesa:
pattern: /contactenos
defaults: { _controller:
ProyectoMiPrimerBundle:Proyecto:Contacto }
requirements:
_method: POST

Añada los métodos siguientes al final del *controller*:

```
public function contactoAction()
{
$data = array();
$form = $this->createFormBuilder($data)
->add('nombre', 'text')
->add('apellido', 'text')
->add('email', 'email')
->add('mensaje', 'textarea')
```

```php
->getForm();
$form = $this->get('templating.helper.form')-
>widget($form>createView());
$form = "
<html>
<body>
<form method='post'>
$form
<input type='submit'>
</form>
</body>
</html>";
return new Response($form);
}
public function contactoProcesaAction()
{
return new Response('<html><body><pre>' . print_r($this-
>getRequest()->request, true) .
'</pre></body></html>');
```

A continuación, visite la página http://localhost/symfony-standard/web/app_dev.php/contactenos. Rellene el formulario y haga clic en enviar. Tenga en cuenta que al presentar el formulario, la acción que se realiza es la de contactoProcesaAction (). Esto es porque Symfony analiza el *requirement* del método HTTP. Como el método de formulario es POST, el *requirement* (proyecto_primer_contacto_procesa) se elige para procesar la solicitud.

Nota: Además del *requirement* _method, hay otros *requirements* especiales como _format, _locale y _scheme.

DEPURACIÓN DE RUTAS

Tan importante como configurar rutas correctamente es saber como depurarlas. La consola de Symfony tiene comandos útiles para la depuración y visualización de información de las rutas existentes en la aplicación. El comando router:dump muestra las rutas con sus respectivos nombres y métodos permitidos:

```
$ php app/console router:dump
proyecto_primer_homepage      ANY   /hello/{name}
proyecto_primer_hello_world   ANY
/hola/{nombre}/{apellido}
proyecto_primer_proyecto_lista   ANY
      /proyectos/{pagina}
proyecto_primer_proyecto_mostrar      ANY
      /proyectos/{nombre}
proyecto_primer_contactenos      GET
      /contactenos
```

proyecto_primer_contactenos_procesa   POST
/contactenos

Por su parte el comando router:match permite probar que ruta Será utilizada para una ruta URL:
$ php app/console router:match /proyecto/desgranado-symfony2
Route "proyecto_primer_proyecto_lista" almost matches but requirement for "pagina" does not match (\d+)
Route "proyecto_primer_proyecto_mostrar" matches

USANDO EL RUTEAMIENTO PARA GENERAR URLS

Además de mapear una dirección URL para un *controller*, el sistema de enrutamiento también le permite usar la información de asignación para generar URLs. Esto es muy útil, ya que evita el acoplamiento de su aplicación con direcciones URL que se puedan cambiar en los archivos de configuración de rutas.

Abra   el   archivo   de   *template* src/Proyecto/MiPrimerBundle/Resources/views/Proyecto/index.html.twig y actualicelo:

```
<html>
<body>
<h1>Bienvenido!</h1>
Hola {{ nombre }}! ¿Qué tal estás?
```

```
<h2>Links útiles</h2>
<ul>
<li><a href="{{ path('proyecto_primer_contactenos')
}}">Contactenos</a></li>
<li>
Listado de proyectos,
<a href="{{ path('proyecto_primer_proyecto_lista', {
pagina: 1 }) }}">página
1</a>,
<a href="{{ path('proyecto_primer_proyecto_lista', {
pagina: 2 }) }}">página
2</a>.
</li>
<li>
<a href="{{ path('proyecto_primer_proyecto_mostrar', {
nombre: desgranando symfony2'
}) }}">
Desgranando Symfony2
</a>
</li>
</ul>
</body>
</html>
```

La función Twig path() recibe el nombre de una ruta, como se definió en la configuración de la misma, y (opcionalmente) un array con los valores de los *placeholders* para la ruta. Tenga en cuenta que la ruta para el link de la página 1 del listado de links se genera sin el número de página. Esto sucede porque el valor del placeholder pasado es igual al valor definido en el array defaults, por lo tanto el valor 1 no es necesario en la ruta de la URL.

Para generar una URL absoluta, utilice la función Twig url ():

```
<li> <a href="{{ url('proyecto_primer_contactenos') }}"> Contactenos </a> </ li>
```

En caso de que sea pasado un par clave-valor que no sea un placeholder definido en la ruta, se añade en la URL como una querystring, en este caso /contactenos?nombre=Pedro:

```
<a url('proyecto_primer_contactenos', href="{{ {nombre:'Pedro' }) }}"> Contactenos </a> </ li>
```

URLs pueden ser generadas en cualquier parte de la aplicación no sólo en los *templates* a través del servicio de enrutamiento:

```
public function contactoProcesaAction()
{
$url = $this->get('router')->generate(
'proyecto_miprimer_hello_world',
array(
'nombre' => $this->getRequest()->request->get('form')['nombre'],
```

```
'apellido' => $this->getRequest()->request-
>get('form')['apellido']
)
);
return $this->redirect($url);
}
```

En la *action* contactoProcesaAction () actualizada, se genera una URL con los datos enviados por el formulario vía POST. Al final, se devuelve un objeto RedirectResponse (a través de la llamada al método redirect ()) que redirigirá la petición a la URL proporcionada.

CONTROL DEL FLUJO DE SOLICITUD Y RESPUESTA

Toda aplicación web necesita controlar el flujo de solicitud y respuesta, es decir, acceder a los datos de la solicitud y responder apropiadamente después de procesar la misma. Gran parte de este flujo se realiza en los *controllers* y este control se llama lógica de la aplicación (diferente de la lógica de negocio, que es la aplicación de las reglas de negocio para transformar los datos en información útil para una organización).

55

ACCEDIENDO A LOS DATOS DE LA SOLICITUD

En el primer capítulo y en la sección de enrutamiento de este capítulo hemos visto algunos ejemplos de código accediendo a los datos de la solicitud. Se puede acceder a los datos de la solicitud en cualquier parte de la aplicación a través del objeto Request. Al comienzo de la solicitud, Symfony crea este objeto y lo hace disponible en el contenedor de inyección de servicios.

La forma más fácil de acceder a ese objeto en un *controller* es tenerlo como una subclase de Symfony\Bundle\FrameworkBundle\Controller\Controller para acceder al objeto a través del método getRequest ():

```php
<?php
namespace Proyecto\MiPrimerBundle\Controller;
use
Symfony\Bundle\FrameworkBundle\Controller\Controller;
use Symfony\Component\HttpFoundation\Response;
class ProyectoController extends Controller
{
// ...
public function contactoProcesaAction()
{
$url = $this->get('router')->generate(
'proyecto_primer_hello_world',
array(
'nombre' => $this->getRequest()->request->get('form')['nombre'],
```

```
'apellido' => $this->getRequest()->request-
>get('form')['apellido']
)
);
return $this->redirect($url);
}
}
```

Con el objeto Request se puede acceder a los datos de la solicitud a través de algunos atributos comunes: query (datos de la superglobal $_GET), request (datos de la superglobal $_POST), server (datos de la superglobal $_SERVER), files (datos de la superglobal $_FILES), cookies (datos de la superglobal $_COOKIE) y headers (datos de la cabecera de la solicitud HTTP).

Los atributos query, request, server, files y cookies son instancias de Symfony\Component\HttpFoundation\ParameterBag mientras que header es una instancia de Symfony\Component\HttpFoundation\HeaderBag. Ambas clases tienen métodos como all () (devuelve todos los datos como array), get () (devuelve el valor de un parámetro específico de la petición) y set () (modifica el valor de un parámetro específico de la petición).

De estos métodos, get () será el más utilizado. Actualice en *action* indexAction ():

public function indexAction($apellido, $nombre)

```
{
// Si el parámetro tiempo no fuera encontrado en la
petición GET, se usa el valor "soleado".
$tiempo = $this->getRequest()->query->get('tiempo',
'soleado');
return $this-
>render('ProyectoMiPrimerBundle:Proyecto:index.html.twi
g', array(
'nombre' => $nombre,
'apellido' => $apellido,
'tiempo' => $tiempo,
));
}
```

Y el *template* index.html.twig del directorio
src/Proyecto/MiPrimerBundle/Resources/views/Proyecto/i
ndex.html.twig:

Hola {{nombre}}! ¿Qué tal estás? El día está {{tiempo}}!

Para acceder a los datos desde una solicitud HTTP
POST, sólo tiene que acceder al atributo request del
objeto Request:

```
public function contactoProcesaAction()
{
// Recuperando el array 'form' de POST
$form = $this->getRequest()->request->get('form');
$nombre = $form['nombre'];
// Forma más práctica:
```

```
$nombre = $this->getRequest()->request-
>get('form[nombre]', null, true);
$url = $this->get('router')->generate(
'proyecto_primer_hello_world',
array(
'nombre' => $nombre,
// Array dereferencing
'apellido' => $this->getRequest()->request-
>get('form')['apellido']
)
);
return $this->redirect($url);
}
```

En el ejemplo anterior, los datos del formulario son enviados como un array asociativo dentro de otro array asociativo en el índice form (abra el código fuente de la página del formulario y vea que los nombres de los campos se encuentran en la forma form [nombre] la cual reconoce PHP como array para analizar los datos de la solicitud). Hay tres maneras de recuperar los datos de este formulario:

- La primera recupera el array de los datos de la solicitud POST, los guarda en una variable $form y luego accede al índice nombre de ese array

- La segunda usa el argumento $deep (true) del método get () que solicita al método buscar dentro de los parámetros disponibles en la petición POST

- La tercera utiliza el dereferencing de array de PHP 5.4 tras recuperar el array form de los datos de la petición POST

ACCEDIENDO Y GRABANDO COOKIES

Las cookies son una manera de grabar datos en el agente de usuario (normalmente los navegadores web) con el fin de mantener el estado durante la navegación del usuario en un sitio web (ya que el protocolo HTTP es stateless, es decir, no mantiene el estado entre una petición y otra). Las aplicaciones para cookies van desde guardar la última página visitada hasta recordar si el usuario está conectado o no en el sitio para mantener los artículos en un carro de compras en el caso del un e-commerce.

Para acceder al valor de una cookie, basta con acceder al atributo cookies del objeto Request:

```
public function indexAction($apellido, $nombre)
{
$request = $this->getRequest();
$mensaje = $request->cookies->get('mensaje', '');
```

```php
// Si el parámetro tiempo no fuera encontrado en la
// petición GET se usa el valor "soleado".
$tiempo = $request->query->get('tiempo', 'soleado');
return $this-
>render('ProyectoMiPrimerBundle:Proyecto:index.html.twi
g', array(
'nombre' => $nombre,
'apellido' => $apellido,
'tiempo' => $tiempo,
'mensaje' => $mensaje,
));
}
```

Para grabar una cookie, deberá acceder al objeto Response. En este ejemplo, almacenamos el objeto RedirectResponse en la variable $response en lugar de devolverla directamente y a continuación configuramos la cookie:

```php
<?php
namespace Proyecto\MiPrimerBundle\Controller;
use
Symfony\Bundle\FrameworkBundle\Controller\Controller;
use Symfony\Component\HttpFoundation\Cookie;
use Symfony\Component\HttpFoundation\Response;
class ProyectoController extends Controller
{
// ...
public function contactoProcesaAction()
```

```php
{
// Recuperando el array 'form' del POST
$nombre = $this->getRequest()->request->get('form');
$nombre = $nombre['nombre'];
// Forma más práctica:
$nombree = $this->getRequest()->request-
>get('form[nombre]', null, true);
$url = $this->get('router')->generate(
'proyecto_primer_hello_world',
array(
'nombre' => $nombre,
// Array dereferencing
'apellido' => $this->getRequest()->request-
>get('form')['apellido']
)
);
$response = $this->redirect($url);
// Grabando la cookie
$mensaje = $this->getRequest()->request-
>get('form[mensaje]', null, true);
$response->headers->setCookie(new Cookie('mensaje',
$mensaje));
// Con la cookie configurada, podemos devolver el objeto
`RedirectResponse`
return $response;
}
}
```

Actualice el template index.html.twig disponible en el directorio

src/Proyecto/MiPrimerBundle/Resources/views/Proyecto/index.html.twig:

Hola {{ nombre }}! ¿Qué tal estás? El día está {{ tiempo }}!
{% if mensaje|length > 0 %}
<**p**>Su último mensaje: {{ mensaje }}</**p**>
{% endif %}
     Para ver el ejemplo en acción, visite el formulario Contactenos, rellénelo y envíelo.

ACCEDIENDO Y GRABANDO DATOS EN LA SESIÓN

     El mecanismo de sesión de PHP tiene la misma finalidad de las cookies: permitir el mantenimiento del estado entre las peticiones. Sólo que a diferencia de las cookies, los datos de las sesiones se graban en el servidor (por defecto, en el sistema de archivos). Para acceder a los datos de sesión a través de Symfony debe acceder al servicio session:

public function indexAction($apellido, $nombre)
{
$request = $this->getRequest();
$mensaje = $request->**cookies**->get('mensaje', '');

63

```php
// Si el parámetro tiempo no fuera encontrado em la
petición  GET, se usa el valor "soleado"
$tiempo = $request->query->get('tiempo', 'soleado');
// Accediendo a datos de la sesión
$email = $this->get('session')->get('email', '');
return $this-
>render('ProyectoMiPrimerBundle:Proyecto:index.html.twi
g', array(
'nombre' => $nombre,
'apellido' => $apellido,
'tiempo' => $tiempo,
'mensaje' => $mensaje,
'email' => $email,
));
}
// ...
public function contactoProcesaAction()
{
// Recuperando el array 'form' del POST
$nombre = $this->getRequest()->request->get('form');
$nombre = $nombre['nombre'];
// Forma más prática:
$nombre = $this->getRequest()->request-
>get('form[nombre]', null, true);
// Guardando datos en la sesión
$this->get('session')->set('email', $this->getRequest()-
>request->get('form[email]', null,
true));
```

```php
$url = $this->get('router')->generate(
'proyecto_primer_hello_world',
array(
'nombre' => $nombre,
// Array dereferencing
'apellido' => $this->getRequest()->request-
>get('form')['apellido']
)
);
$response = $this->redirect($url);
// Grabando la cookie
$mensaje = $this->getRequest()->request-
>get('form[mensaje]', null, true);
$response->headers->setCookie(new Cookie('mensaje',
$mensaje));
// Con la cookie configurada, podemos devolver el objeto
`RedirectResponse`
return $response;
}
```

Actualice el template index.html.twig ubicado en src/Proyecto/MiPrimerBundle/Resources/views/index.html.twig:

```twig
Hola {{ nombre }}! ¿Qué tal estás? El día está {{ tiempo }}!
{% if mensaje|length > 0 %}
<p>Su último mensaje: {{ mensaje }}</p>
{% endif %}
{% if email|length > 0 %}
```

```
<p>Su último email: {{ email }}</p>
{% endif %}
```

REDIRECCIONAMIENTO DE LA PÁGINA
   Redirigir una página es muy simple.

```
use
Symfony\Component\HttpFoundation\RedirectResponse;
// ..
public function contactoProcesaAction()
{
return $this->redirect($this-
>generateUrl('proyecto_primer_proyecto_lista'), 301);
// o
return new RedirectResponse($this-
>generateUrl('proyecto_primer_proyecto_lista'), 301);
}
```

El método render () de
Symfony\Bundle\FrameworkBundle\Controller\Controller
es sólo un atajo para la creación del objeto
Symfony\Component\HttpFoundation\RedirectResponse.
Además de la dirección URL para redireccionamiento
(obligatoria) tanto el método como el objeto aceptan un
código de respuesta HTTP (por defecto, 302, Found).

ENRUTAMIENTO DE ACTIONS

Con Symfony se puede encaminar una *action* a otra *action* a través del método forward (). La diferencia es que el enrutamiento de *actions* no redirecciona el navegador del usuario, sólo hace una sub-petición interna en el framework.

```
public function contactoProcesaAction()
{
$email = $this->getRequest()->request->get('form[email]',
null, true);
// ...
return $this-
>forward('ProyectoMiPrimerBundle:Proyecto:contactoEnvi
arEmail', array('email' =>
$email));
}
public function contactoEnviarEmailAction($email)
{
return new Response("<html><body>Vamos a enviar un
e-mail a $email?</body></html>');
}
```

Al ejecutar este ejemplo, se habrá dado cuenta de que no era necesario crear una ruta para la *action* contactoEnviarEmailAction (). Esto es porque la solicitud interna es hecha a través del kernel de Symfony y no a través de una petición HTTP, la cual haría necesario el mapeamiento de una URL a un *controller*. El siguiente código es equivalente a llamar a forward ():

```php
public function contactoProcesaAction()
{
$email = $this->getRequest()->request->get('form[email]',
null, true);
// ...
return $this->get('http_kernel')-
>forward('ProyectoMiPrimerBundle:Proyecto:contactoEnvi
arEmail',
array('email' => $email));
}
```

RESUMEN

En este capítulo hemos visto en más detalle el sistema de enrutamiento de Symfony, su relación con los *controllers*, la convención de su nombre lógico y configuraciones avanzadas de enrutamiento.

Además, vimos cómo controlar el flujo de petición y respuesta al acceder a datos de la solicitud (datos de peticiones GET, POST y cookies), guardar cookies (manipulando la respuesta) y sesiones. Hemos visto que la redirección y el encaminamiento son diferentes, el primera redirige el navegador, mientras que el segundo encamina una *action* internamente.

CONFIGURACIÓN

Hasta el momento, exploramos algunas de las características de Symfony, cambiando algunos archivos de configuración en formato YAML. Pero los que piensan que Symfony sólo es compatible con este formato de configuración se equivocan. Además de YAML, el framework se puede configurar mediante XML, PHP y también *annotations*. Además de utilizar diferentes formatos de configuración, se pueden establecer diferentes entornos para un proyecto, cada uno con diferentes configuraciones, optimizados para determinados escenarios de uso.

FORMATOS DE CONFIGURACIÓN

Por defecto, la distribución Symfony Standard Edition utiliza archivos de configuración en formato YAML. Tanto los archivos de configuración disponibles en el directorio app/config como los archivos de configuración de los *bundles* de sus aplicaciones pueden utilizar XML o PHP como lenguajes. Qué lenguaje utilizar es una cuestión de gusto personal o de la elección de equipo:

- YAML: simple y legible

- XML: más poderoso que YAML a veces, IDEs tienen soporte para auto completar y validación

- PHP: muy potente pero menos fácil de leer que otros formatos

La documentación Symfony generalmente incluye ejemplos de configuración en los tres formatos. Vamos a crear un nuevo *bundle* para explorar los diferentes formatos:

$ php app/console generate: bundle - - namespace = Proyecto/SegundoBundle - - format = xml - - dir = src --no-interaction

Vea que los archivos de configuración del nuevo *bundle* son XML. En el archivo de rutas src/Proyecto/SegundoBundle/Resources/config/routing.xml vemos algunas de las ventajas de XML:

```
<?xml version="1.0" encoding="UTF-8" ?>
<routes xmlns="http://symfony.com/schema/routing"
xmlns:xsi="http://www.w3.org/2001/XMLSchema-instance"
xsi:schemaLocation="http://symfony.com/schema/routing
http://symfony.com/schema/routing/routing-1.0.xsd">
<route id="proyecto_segundo_homepage"
pattern="/hola/{nombre}">
<default
key="_controller">ProyectoSegundoBundle:Default:index<
/default>
```

```
</route>
</routes>
```

Al tener una estructura más formal XML tiene un mejor soporte de autocompletar en las IDEs. Además de eso, cada archivo de configuración de Symfony tiene un archivo *XML Schema Definition* (XSD) que define la estructura que el archivo debe cumplir para ser válido. Es a través de este recurso de validación que una IDE detecta, por ejemplo, si un elemento o atributo fue olvidado o si tiene valores no válidos. Modifique la ruta para:

```
<route id="proyecto_segundo_homepage"
pattern="/hola/{nombre}">
<default
key="_controller">ProyectoSegundoBundle:Default:index<
/default>
</route>
```

Cree un nuevo *bundle*, ahora con formato PHP para los archivos de configuración:

```
$ php app/console generate: bundle --namespace =
Proyecto/TercerBundle --format = php -- dir = src –no-
interaction
```

Abra el archivo de configuración de rutas (src/Proyecto/TercerBundle/Resources/config/routing.php):

```
<?php
```

```
use Symfony\Component\Routing\RouteCollection;
use Symfony\Component\Routing\Route;
$collection = new RouteCollection();
$collection->add('proyecto_tercer_homepage', new
Route('/hola/{nombre}', array(
'_controller' => 'ProyectoTercerBundle:Default:index',
)));
return $collection;
```

Lo interesante de usar el formato PHP es la interacción directa con los componentes del framework. Es interesante observar cómo el framework abstrae estas configuraciones con los formatos de nivel más alto (YAML y XML).

Tenga en cuenta que para los archivos de configuración en app/config, importar un archivo YAML, XML o PHP no supone diferencia. Por ejemplo, el archivo app/config/routing.yml después de la creación del ProyectoTercerBundle importa los tres formatos diferentes de manera transparente:

```
proyecto_tercer:
resource:
"@ProyectoTercerBundle/Resources/config/routing.php"
prefix: /
proyecto_segundo:
resource:
"@ProyectoSegundoBundle/Resources/config/routing.xml"
prefix: /
```

proyecto_primer:
resource:
"@ProyectoPrimerBundle/Resources/config/routing.yml"
prefix: /
    Nota: También puede cambiar los archivos de configuración disponibles en app/config. El siguiente ejemplo muestra el archivo app/config/config_dev.yml convertido a XML:

```
<?xml version="1.0" encoding="UTF-8" ?>
<container
xmlns="http://symfony.com/schema/dic/services"
xmlns:xsi="http://www.w3.org/2001/XMLSchema-instance"
xmlns:framework="http://symfony.com/schema/dic/symfony"
xmlns:webprofiler="http://symfony.com/schema/dic/webprofiler"
xmlns:assetic="http://symfony.com/schema/dic/assetic"
xsi:schemaLocation="http://symfony.com/schema/dic/services
http://symfony.com/schema/dic/services/services-1.0.xsd
http://symfony.com/schema/dic/symfony
http://symfony.com/schema/dic/symfony/symfony-1.0.xsd
http://symfony.com/schema/dic/webprofiler
http://symfony.com/schema/dic/webprofiler/webprofiler-1.0.xsd
http://symfony.com/schema/dic/assetic
http://symfony.com/schema/dic/assetic/assetic-1.0.xsd">
```

```
<imports>
<import resource="config.yml" />
</imports>
<framework:config>
<framework:router
resource="%kernel.root_dir%/config/routing_dev.yml" />
<framework:profiler only-exceptions="true" />
</framework:config>
<webprofiler:config toolbar="true" intercept-
redirects="false" />
<assetic:config use-controller="true" />
</container>
```

Entonces es necesario modificar la carga de la configuración de la aplicación en la clase AppKernel (disponible en app/AppKernel.php):

```
public function
registerContainerConfiguration(LoaderInterface $loader)
{
if ('dev' === $this->getEnvironment()) {
$loader->load(__DIR__.'/config/config_'.$this-
>getEnvironment().'.xml');
return;
}
$loader->load(__DIR__.'/config/config_'.$this-
>getEnvironment().'.yml');
}
```

Note que cargamos el archivo sólo para el entorno dev.

ENTORNOS

Symfony tiene concepto de entorno. Un entorno no es más que la posibilidad de una misma aplicación poder ser ejecutada con múltiples configuraciones diferentes. Cada conjunto de configuraciones forma un entorno. Por defecto, Symfony viene con tres entornos: dev (*development*), prueba (*testing*) y prod (*production*).

Esta distinción de entornos permite, por ejemplo, que el entorno de dev sea más amigable para el desarrollo – las excepciones se muestran con un *backtrace* detallado, la barra de debug web (web debug toolbar) está activada por defecto, el nivel de logging de errores es más permisivo entre otros ajustes que dan al desarrollador más *feedback* sobre el comportamiento de la aplicación. Esto contrasta con el entorno prod donde la configuración se ajusta para el rendimiento.

Cada entorno tiene su archivo de configuración en el directorio de configuración global (app/config). Vea, por ejemplo, el archivo app/config/config_dev.yml:

```
imports:
- { resource: config.yml }
framework:
```

```
router: { resource:
"%kernel.root_dir%/config/routing_dev.yml" }
profiler: { only_exceptions: false }
web_profiler:
toolbar: true
intercept_redirects: false
monolog:
handlers:
main:
type: stream
path: "%kernel.logs_dir%/%kernel.environment%.log"
level: debug
firephp:
type: firephp
level: info
assetic:
use_controller: true
#swiftmailer:
# delivery_address: me@example.com
```

La parte más importante de este archivo es la importación de las configuraciones del archivo app/config/config.yml. Así, el entorno de dev importa todas las configuraciones por defecto recomendadas y entonces sobrescribe algunas de ellas para mejorar la experiencia del desarrollador. Un ejemplo de eso es la importación del archivo app/config/routing_dev.yml:

```
_welcome:
```

```
pattern: /
defaults: { _controller: AcmeDemoBundle:Welcome:index }
_demo_secured:
resource:
"@AcmeDemoBundle/Controller/SecuredController.php"
type: annotation
_demo:
resource:
"@AcmeDemoBundle/Controller/DemoController.php"
type: annotation
prefix: /demo
_wdt:
resource:
"@WebProfilerBundle/Resources/config/routing/wdt.xml"
prefix: /_wdt
_profiler:
resource:
"@WebProfilerBundle/Resources/config/routing/profiler.x
ml"
prefix: /_profiler
_configurator:
resource:
"@SensioDistributionBundle/Resources/config/routing/we
bconfigurator.xml"
prefix: /_configurator
_main:
resource: routing.yml
```

Este archivo define algunas rutas que estarán disponibles sólo para el entorno de desarrollo. Las tres primeras rutas son para la aplicación de ejemplo del AcmeDemoBundle (incluyendo la página de bienvenida) mientras que las siguientes tres rutas son para importar rutas de recursos útiles al desarrollador como la barra de depuración web, el generador de perfiles y el asistente de configuración de acceso a la base de datos. Así, en la última ruta se carga el archivo app/config/routing.yml que contiene las rutas de aplicación.

Prestando atención, se puede ver una relación de herencia entre la configuración global y la configuración del entorno de Symfony. Dev hereda la configuración global y luego ajusta el entorno para ser más amigable para el desarrollador.

Del mismo modo, el entorno de pruebas hereda de dev y hace los ajustes que son convenientes para el entorno de prueba como utilizar un storage "falso" para almacenar sesiones y envío de correos electrónicos.

Como la configuración global de la aplicación es mínima la creación de un nuevo entorno es simple. Vamos a crear un entorno denominado ci, de *continuos integration*. En primer lugar, cree un nuevo *front controller* (web/app_ci.php) utilizando como base el archivo web/app_dev.php:

```
<?php
```

```php
use Symfony\Component\HttpFoundation\Request;
// If you don't want to setup permissions the proper way,
just uncomment the following PHP line
// read
http://symfony.com/doc/current/book/installation.html#confi
guration-and-setup for more
information
//umask(0000);
// This check prevents access to debug front controllers
that are deployed by accident to production servers.
// Feel free to remove this, extend it, or make something
more sophisticated.
if (isset($_SERVER['HTTP_CLIENT_IP'])
|| isset($_SERVER['HTTP_X_FORWARDED_FOR'])
|| !in_array(@$_SERVER['REMOTE_ADDR'], array(
'192.168.33.1',
'127.0.0.1',
'::1',
))
) {
header('HTTP/1.0 403 Forbidden');
exit('You are not allowed to access this file. Check
'.basename(__FILE__).' for more
information.');
}

$loader = require_once
__DIR__.'/../app/bootstrap.php.cache';
require_once __DIR__.'/../app/AppKernel.php';
```

```
$kernel = new AppKernel('ci', true);
$kernel->loadClassCache();
$request = Request::createFromGlobals();
$response = $kernel->handle($request);
$response->send();
$kernel->terminate($request, $response);
```
Note que la definición de que entorno usar se define en la instanciación del objeto AppKernel. El segundo paso ahora es crear el archivo de configuración app/config/config_ci.yml:

```
imports:
- { resource: config.yml }
```
Esto es lo mínimo requerido para crear un nuevo entorno. El concepto es muy simple pero es muy flexible.

ANNOTATIONS

Annotations son metadatos que se pueden agregar con el código fuente para clases, interfaces, métodos, atributos y variables. Popularizado por la comunidad Java (donde *annotations* son una característica propia del lenguaje) se hicieron populares en proyectos PHP gracias al proyecto Doctrine ORM 2 (donde *annotations* se implementan en user land).

En Doctrine, las *annotations* se utilizan para hacer el mapeamiento de una entidad la cual será mantenida por ORM:

```php
<?php
/**
 * @Entity(repositoryClass="MyProject\UserRepository")
 */
class User
{
//...
}
```

Symfony Standard Edition viene con *annotations* habilitadas para todos los tipos de configuraciones. Cree un nuevo *bundle*, esta vez con el formato de configuración como annotation:

```
$ php app/console generate:bundle --namespace=Proyecto/CuartoBundle --format=annotation --dir=src --no-interaction
```

Observe cómo las rutas de ese *bundle* se importaron al archivo app/config/routing.yml:

```yaml
proyecto_cuarto:
resource: "@ProyectoCuartoBundle/Controller/"
type: annotation
prefix: /
```

Esta importación instruye al Symfony para cargar la información sobre las rutas del *bundle* a través de las *annotations* de sus *controllers*. En el controller DefaultController disponible en src/Proyecto/CuartoBundle/Controller/DefaultController.php, podemos ver las *annotations* en acción:

```php
<?php
namespace Proyecto\CuartoBundle\Controller;
use
Symfony\Bundle\FrameworkBundle\Controller\Controller;
use
Sensio\Bundle\FrameworkExtraBundle\Configuration\Route;
use
Sensio\Bundle\FrameworkExtraBundle\Configuration\Template;
class DefaultController extends Controller
{
/**
 * @Route("/hello/{name}")
 * @Template()
 */
public function indexAction($name)
{
return array('name' => $name);
}
}
```

Para utilizar una *annotation* lo mejor que se puede hacer es declarar su uso a través de la palabra clave use (que básicamente hace un aliasing de nombre totalmente cualificado de la clase).

Para ver mejor las *annotations* en acción, vamos a convertir el *controller* ProyectoController de ProyectoMiPrimerBundle para utilizar *annotations*. En primer lugar, copie el *controller* y el *template*:

```
$ cp
src/Proyecto/PrimerBundle/Controller/ProyectoController.p
hp src/Proyecto/CuartoBundle/Controller/
$ cp -R
src/Proyecto/PrimerBundle/Resources/views/Proyecto
src/Proyecto/CuartoBundle/Resources/views/
```

Actualice el fichero app/config/routing.yml:

```
proyecto_cuarto:
resource: "@ProyectoCuartoBundle/Controller/"
type: annotation
prefix: /prueba
```

A continuación, actualice el *controller* ProyectoController. En primer lugar, haga el *aliasing* de las clases Sensio\Bundle\FrameworkExtraBundle\Configuration\Route y Sensio\Bundle\FrameworkExtraBundle\Configuration\Template y actualice el *namespace*:

```
<?php
```

```
namespace Proyecto\CuartoBundle\Controller;
use
Symfony\Bundle\FrameworkBundle\Controller\Controller;

use Symfony\Component\HttpFoundation\Cookie;

use Symfony\Component\HttpFoundation\Response;

use
Sensio\Bundle\FrameworkExtraBundle\Configuration\Meth
od;

use
Sensio\Bundle\FrameworkExtraBundle\Configuration\Rout
e;

use
Sensio\Bundle\FrameworkExtraBundle\Configuration\Tem
plate;
class ProyectoController extends Controller
{
// ...
```

Como primer paso vamos a configurar la ruta para el primer *action*, indexAction():

```
/**
 * @Route("/hola/{nombre}/{apellido}",
defaults={"apellido":"Pot"})
 * @Template()
 */
```

```php
public function indexAction($apellido, $nombre)
{
$request = $this->getRequest();
$mensaje = $request->cookies->get('mensaje', '');
// ...
$tiempo = $request->query->get('tiempo', 'soleado');
// ...
$email = $this->get('session')->get('email', '');
return array(
'nombre' => $nombre,
'apellido' => $apellido,
'tiempo' => $tiempo,
'mensaje' => $mensaje,
'email' => $email,
);
}
```

En el ejemplo anterior usamos dos *annotations*: @Route y @Template. @Route siempre recibe siempre la definición de la ruta de la URL opcionalmente seguido por un array de defaults o requirements.

En las *annotations* en PHP (de hecho, en esa implementación Doctrine), la sintaxis de un array es nombre = {"llave":"valor","llave":"valor"}.

La *annotation* @Template es aún más simple. Ella instruye a Symfony para renderizar el *template* con el nombre lógico que es similar al nombre lógico del *controller/action*. En este caso será

ProyectoCuartoBundle:Proyecto:index.html.twig. El array de datos devuelto por el método será encaminado al *template* en proceso similar a si el *template* hubiera sido llamado explícitamente vía el método render ().

```
/**
 * @Route("/proyecto/{pagina}",
 requirements={"pagina":"\d+"})
 */
public function listaAction($pagina)
{
return new Response("<html><body>listado, página
$pagina</body></html>");
}
/**
 * @Route("/proyecto/{nombre}")
 */
public function mostrarAction($nombre)
{
return new Response("<html><body>proyecto, nombre
$nombre</body></html>");
}
```

Las dos rutas anteriores muestran el uso de *requirements* en la *annotation* @Route. De nuevo, muy simple.

```
/**
 * @Route("/contactenos")
 * @Method("GET")
```

```
*/
public function contactoAction()
{
// ...
/**
* @Route("/contactenos")
* @Method("POST")
*/
public function contactoProcesaAction()
{
```

Por último, la adecuación de las rutas del formulario de contactenos. El único hecho nuevo en este ejemplo es el uso de *annotation* @Method.

Además de la *annotations* @Route, @Template y @Method, Symfony tiene otras como @Cache y @ParamConverter (también disponibles en el namespace Sensio\Bundle\FrameworkExtraBundle\Configuration) así como las diversas *annotations* del componente Validator y del Doctrine.

RESUMEN

En este capítulo hemos visto cómo configurar y crear diferentes entornos y diferentes formatos de configuración que el Symfony soporta.

FORMULARIOS

Gran parte del trabajo de desarrollo de aplicaciones web se utiliza para crear formas de recogida de datos. Y la manera más común de hacer esto es a través de formularios. El problema es que la tarea de crear, validar y procesar formularios no siempre es tan simple. El componente Form de Symfony hace el trabajo de crear formularios simple y placentero.

FORMULARIOS BASICOS

Crear formularios en Symfony es una tarea sencilla. Básicamente el componente Form ofrece un constructor que recibe una instancia de una clase y utiliza la introspección para obtener datos de esa instancia para configurar los valores por defecto de los campos (al generar el formulario para mostrarlo) y para configurar los valores de esta instancia (después de procesar el formulario y que este sea válido).

Cree un nuevo *bundle*:

```
$ php app/console generate:bundle --
namespace=Proyecto/FormBundle --format=annotation -
dir=src --no-interaction
```

Digamos que usted está construyendo una agenda y desea recopilar los datos del nombre del contacto, número de teléfono, correo electrónico, tipo de contacto, fecha de nacimiento y país de origen. En primer lugar, cree una clase en el namespace Proyecto\FormBundle\Entity en el src/Proyecto/FormBundle/Entity:

```php
<?php
namespace Proyecto\FormBundle\Entity;
class Contacto
{
private $nombre;
private $fechaNacimiento;
private $email;
private $telefono;
private $tipoContacto;
private $pais;
public function getNombre()
{
return $this->nombre;
}
public function setNombre($nombre)
{
$this->nombre = $nombre;
}
public function getFechaNacimiento()
{
```

```php
    return $this->fechaNacimiento;
}
public function setFechaNacimiento($fechaNacimiento)
{
$this->fechaNacimiento = $fechaNacimiento;
}
public function getEmail()
{
    return $this->email;
}
public function setEmail($email)
{
$this->email = $email;
}
public function getTelefono()
{
    return $this->telefono;
}
public function setTelefono($telefono)
{
$this->telefono = $telefono;
}
public function getTipoContacto()
{
    return $this->tipoContacto;
}
public function setTipoContacto($tipoContacto)
{
```

```php
$this->tipoContacto = $tipoContacto;
}
public function getPais()
{
return $this->pais;
}
public function setPais($pais)
{
$this->pais = $pais;
}
}
```

Vamos a crear nuestro formulario en el *action* indexAction () del controlador DefaultController disponible en src/Proyecto/FormBundle/Controller/DefaultController:

```php
<?php
namespace Proyecto\FormBundle\Controller;
use
Symfony\Bundle\FrameworkBundle\Controller\Controller;

use
Sensio\Bundle\FrameworkExtraBundle\Configuration\Rout
e;

use
Sensio\Bundle\FrameworkExtraBundle\Configuration\Tem
plate;

use Proyecto\FormBundle\Entity\Contacto;
```

```php
class DefaultController extends Controller
{
/**
* @Route("/Contacto")
* @Template()
*/
public function indexAction()
{
$Contacto = new Contacto();
$form = $this->createFormBuilder($Contacto)
->add('nombre')
->getForm();
return array('form' => $form->createView());
}
```

Y en el archivo index.html.twig en el directorio src/Proyecto/FormBundle/Resources/views/Default:

```twig
<form action="" method="post" {{ form_enctype(form) }}>
{{ form_widget(form) }}
<input type="submit" />
</form>
```

Un formulario similar al de la siguiente imagen aparecerá cuando visite la página http://localhost/symfony-standard/web/app_dev.php/Contacto.

Nombre [_____]

[Submit]

El método createFormBuilder () (heredado de Symfony\Bundle\FrameworkBundle\Controller\Controller) crea un constructor de formulario que acepta como parámetro una instancia y, a través de la reflexión, "adivina" cual es el mejor tipo de campo para representar un atributo de la misma.

A pesar de saber cuáles son los atributos de la instancia el constructor no muestra campos automáticamente siendo necesario especificar qué campos se van a mostrar a través del método add (). El método getForm () devuelve una instancia de la clase Symfony\Component\Form\Form y su CreateView () devuelve una instancia de Symfony\Component\Form\FormView la cual es transformada por la función de Twig form_widget (). Añada más campos al formulario:

```php
<?php
namespace Proyecto\FormBundle\Controller;
use
Symfony\Bundle\FrameworkBundle\Controller\Controller;

use
Sensio\Bundle\FrameworkExtraBundle\Configuration\Rout
e;

use
Sensio\Bundle\FrameworkExtraBundle\Configuration\Tem
plate;
```

```
use Proyecto\FormBundle\Entity\Contacto;

class DefaultController extends Controller
{
/**
* @Route("/Contacto")
* @Template()
*/
public function indexAction()
{
$Contacto = new Contacto();
$opcionesTipoContacto = array('choices' =>
array('profesional', 'personal'));
$opcionesPais = array('preferred_choices' => array('BR'));
$form = $this->createFormBuilder($Contacto)
->add('nombre', 'text', array('required' => true))
->add('fechaNacimiento', 'birthday')
->add('email', 'email')
->add('telefono', 'number')
->add('tipoContacto', 'choice', $opcionesTipoContacto)
->add('pais', 'country', $opcionesPais)
->getForm();
return array('form' => $form->createView());
}
}
```

Ahora estamos mostrando campos para todos los atributos de la clase Contacto. El método add () tiene tres argumentos: el primero es el nombre del campo (un atributo de la clase de la instancia); el segundo es el tipo del campo y el tercero es un array asociativo de opciones (nombre de la opción=> valor).

Nombre [   ]
FechaNacimiento [   ]
E-mail [   ]
Telefono [   ]
Tipocontacto [profesional ÷]
Pais [Alemania   ÷]
[Submit]

Los tipos de campos disponibles son:

Texto

    text

    textarea

    email

    integer

    money

    number

    password

percent

search

url

Selección

choice

entity

country

language

locale

timezone

Fecha/hora

date

datetime

time

birthday

Otros

checkbox

file

radio

Grupo de campos

collection

repeated

Ocultos

hidden

csrf

Tipo base

form

Las opciones disponibles varían para cada tipo de campo. Consulte la documentación oficial, es la mejor fuente además de tener los valores posibles para cada opción.

Como todos los campos heredan del tipo form algunas opciones son compartidas por todos los campos. Es el caso de la opción required por ejemplo (true establece el campo como obligatorio). Si el navegador soporta HTML5 este comprobará si se rellenó el campo y mostrará al usuario un mensaje de error.

Puesto que no hay forma de personalizar los mensajes de error del navegador puede desactivar esta validación usando el atributo novalidation en la *tag* form:

<form action = "" method = "post" {{form_enctype (form)}} novalidate>

Para rellenar previamente el formulario simplemente basta con definir valores para los atributos de la instancia:

$Contacto = **new** Contacto();
$Contacto->setNombre('Pedro Gomez');
$Contacto->setFechaNacimiento(**new** \DateTime('1980-07-10'));

PROCESANDO EL FORMULARIO
El componente Form facilita el procesamiento de un formulario. Básicamente, tiene que llamar a los métodos bind (), isValid () y getData () de la clase Symfony\Component\Form\Form.bind () asigna los datos de la solicitud al formulario. isValid () realiza la validación (devolviendo true en caso de éxito) mientras que getData () devuelve la instancia de la clase que se utilizó para construir el constructor con datos válidos procedentes del formulario.

<?php
namespace Proyecto\FormBundle\Controller;
use
Symfony\Bundle\FrameworkBundle\Controller\Controller;

```php
use
Sensio\Bundle\FrameworkExtraBundle\Configuration\Rout
e;

use
Sensio\Bundle\FrameworkExtraBundle\Configuration\Tem
plate;

use Proyecto\FormBundle\Entity\Contacto;

class DefaultController extends Controller
{
/**
* @Route("/Contacto")
* @Template()
*/
public function indexAction()
{
$Contacto = new Contacto();
$Contacto->setFechaNacimiento(new \DateTime('1980-
07-10'));
$opcionesTipoContacto = array('choices' =>
array('profesional', 'personal'));
$opcionesPais = array('preferred_choices' => array('BR'));
$form = $this->createFormBuilder($Contacto)
->add('nombre', 'text', array('required' => true))
->add('fechaNacimiento', 'birthday')
->add('email', 'email', array('label' => 'E-mail'))
->add('telefono', 'number')
```

```php
->add('tipoContacto', 'choice', $opcionesTipoContacto)
->add('pais', 'country', $opcionesPais)
->getForm();
$request = $this->get('request');
if ($request->isMethod('POST')) {
$form->bind($request);
if ($form->isValid()) {
// Devuelve  una instancia de Contacto con los  datos
válidos procedentes del formulario.
$data = $form->getData();
return $this->redirect($this->generateUrl('exito'));
}
}
return array('form' => $form->createView());
}
/**
 * @Route("/exito", name="exito")
 * @Template()
 */
public function exitoAction()
{
return array();
}
}
```

Para ejecutar este ejemplo, cree el *template* exito.html.twig en src/Proyecto/FormBundle/Resources/views/Default:

<p>Contacto guardado con éxito!</p>

VALIDACIÓN

De nada sirve crear y procesar un formulario sin validar los datos. El componente Form posee integración con el componente Validator y se puede configurar usando los formatos de configuración YAML, XML o PHP, así como *annotations*.

El componente Validator tiene una serie de reglas de validación disponibles (llamadas *constraints*) que se pueden aplicar a cualquier objeto PHP. Estas reglas se ejecutan en un formulario cuando se invoca el método isValid ().

Una vez más, la documentación oficial es el mejor lugar para ver todas las opciones disponibles (desde las *constraints* disponibles a las opciones de configuración disponibles para cada *constraint*).

Cree el archivo validation.yml en el directorio src/Proyecto/FormBundle/Resources/config:

Proyecto\FormBundle\Entity\Contacto:

properties:

nombre:

- NotBlank: ~

fechaNacimiento:

- NotBlank: ~

- Type: \DateTime

email:

- Email:

message: El e-mail "{{ value }}" no es válido

checkMX: true

tipoContacto:

- Choice: [0, 1]

pais:

- Country:

message: El país "{{ value }}" no existe

El formato de la configuración es bastante simple siendo básicamente un mapeamiento de clases (utilizando el nombre de la clase completamente cualificado). La clave properties sirve para mapear *constraints* para atributos de la clase. Para cada atributo es posible atribuir una o más *constraints*. La *constraint* NotBlank, por ejemplo, define que el campo no puede estar vacío. Type restringe el tipo de datos (por fechaNacimiento el tipo debe ser \DateTime).

Las *constraints* disponibles son:

Básicas

    NotBlank

    Blank

    NotNull

    Null

    True

    False

    Type

String

    Email

    MinLength

    MaxLength

    Length

    Url

    Regex

    Ip

Número

    Max

    Min

    Range

Fecha/hora

    Date

    DateTime

    Time

Colecciones

    Choice

    Collection

    Count

    UniqueEntity

    Language

    Locale

    Country

Archivo

File

Image

Otras

Callback

All

UserPassword

Valid

Cada *constraint* tiene por lo menos una opción de configuración: message - que le permite establecer el mensaje de error que aparece si no se cumple la *constraint*. En el caso de la *constraint* Email la opción checkMX instruye la comprobación del registro MX del DNS del dominio del e-mail (la parte después de la @)

USANDO ANNOTATIONS PARA CONFIGURAR LA VALIDACIÓN

Como ya se ha explicado, la distribución Symfony Standard Edition está configurada para permitir la configuración de varias características a través de *annotations*. Sólo tiene que añadir las *annotations* de las *constraints* en la clase. Actualice la clase Contacto (src/Proyecto/FormBundle/Entity/Contacto.php):

```php
<?php
namespace Proyecto\FormBundle\Entity;
use Symfony\Component\Validator\Constraints as
Constraint;
class Contacto
{
private $nombre;
private $fechaNacimiento;
private $email;
/**
* @Constraint\MinLength(limit=8)
* @Constraint\MaxLength(limit=10)
*/
private $telefono;
private $tipoContacto;
private $pais;
// ...
```

Consejo: Cuando utilice *annotations* haga aliasing del namespace Symfony\Component\Validador\Constraints, así es más fácil de escribir la clase, especialmente cuando se utilizan varias *constraints* diferentes.

CONFIGURACIÓN DE VALIDACIÓN PARA GETTERS Y CLASES

Además de establecer la validación de los atributos de una clase se puede establecer la configuración de validación para *getters* y clases. Actualice el archivo validation.yml en el directorio src/Proyecto/FourBundle/Resources/config:

Proyecto\FormBundle\Entity\Contacto:

constraints:

- Callback:

methods: [isContactoPersonalValido]

getters:

ContactoProfesionalValido:

- "True": { message: "El campo e-mail es obligatorio en caso de que el Contacto sea de tipo profesional" }

properties:

nombre:

- NotBlank: ~

fechaNacimiento:

- NotBlank: ~

- Type: \DateTime

email:

- Email:

message: El e-mail "{{ value }}" no es válido

checkMX: true

tipoContacto:

- Choice:

choices: [0, 1]

pais:

- Country:

message: El país "{{ value }}" no existe

Añada los dos métodos a la clase Contacto:

public function isContactoProfesionalValido()

```
{
return NULL !== $this->email && 0 === $this-
>tipoContacto;
}
```

public function
isContactoPersonalValido(\Symfony\Component\Validator\
ExecutionContext $context)

```
{
if (NULL === $this->telefono && 1 === $this-
>tipoContacto) {
```

```
$context->addViolationAtSubPath('telefono', 'El campo
```
telefono es obligatorio en caso de que el Contacto sea de
tipo personal');
```
}
}
```

Constraints para *getters* pueden ser aplicadas a los métodos prefijados con is o get. True en este ejemplo se refiere a la *constraint* Symfony\Component\Validador\Constraints\True (como true y false son valores booleanos en YAML tanto la *constraint* True como False son especificadas usando comillas).

Para las clases, es posible especificar algunas *constraints* como Callback y UniqueEntity. Callback permite definir una lista de métodos callbacks para ser ejecutados. Estos métodos toman como argumento una instancia de Symfony\Component\Validador\ExecutionContext, lo que le permite añadir errores de validación en el formulario. UniqueEntity utiliza Doctrine para verificar que la instancia es única en el repositorio de entidades.

Constraints de *getters* y la *constraint* de Callback son muy útiles cuando se necesita realizar una validación más dinámica.

GRUPOS DE VALIDACIÓN

A veces, una misma clase se utiliza en diferentes contextos y por lo tanto debe ser validada con diferentes conjuntos de reglas. Para ello, Symfony permite la definición de grupos de validación. Cambie la validación del atributo nombre en el archivo validation.yml en el directorio src/Proyecto/FormBundle/Resources/config:

properties:

nombre:

- NotBlank:

groups: [registration]

A continuación, cambie la llamada del constructor del formulario en indexAction () en el *controller* DefaultController disponible en src/Proyecto/FormBundle/Controller/DefaultController.php:

$form = $ this-> createFormBuilder ($ Contacto, array ('validation_groups' => array ('registration')))

Consejo: es posible utilizar el componente Validador. Symfony dispone de un servicio validator que es muy útil para validar si un objeto de la capa de dominio es válido. Añada a *action* servicioValidacionAction () al *controller* DefaultController en src/Proyecto/FormBundle/Controller/DefaultController.php:

112

```
/**
 * @Route("/servicio-validacion")
 */
public function servicioValidacionAction()
{
$Contacto = new Contacto();
// Valida el objeto.
$errors = $this->get('validator')->validate($Contacto);
if (0 < count($errors)) {
return new Response(print_r($errors, true));
}
return new Response('Contacto es válido.');
}
```

Con el servicio validator basta con invocar el método validate () pasándole como argumento el objeto al que desea ejecutar las reglas de validación.

CREACIÓN DE TIPOS DE FORMULARIOS PERSONALIZADOS

Hasta el momento creamos formularios utilizando el constructor directamente en los *controllers*. El problema es que los *controllers* se cargan con más lógica de lo que deberían (los *controllers* deben contener la lógica del flujo de la aplicación y el mínimo posible de lógica más especializada, como las reglas de negocio) haciendo su mantenimiento más complejo y difícil.

Una manera de evitar este tipo "hinchazón" es creando formularios personalizados. Para ello debe crear una subclase de Symfony\Component\Form\AbstractType. Cree la clase ContactoType en src/Proyecto/FormBundle/Form/Type:

```php
<?php
namespace Proyecto\FormBundle\Form\Type;
use Symfony\Component\Form\AbstractType;

use Symfony\Component\Form\FormBuilderInterface;

use Symfony\Component\OptionsResolver\OptionsResolverInterface;
class ContactoType extends AbstractType
{
public function buildForm(FormBuilderInterface $builder, array $options)
{
$opcionesTipoContacto = array('choices' => array('profesional', 'personal'));
$opcionesPais = array('preferred_choices' => array('BR'));
$builder
->add('nombre', 'text', array('required' => true))
->add('fechaNacimiento', 'birthday')
->add('email', 'email', array('label' => 'E-mail'))
->add('telefono', 'number')
->add('tipoContacto', 'choice', $opcionesTipoContacto)
```

```
->add('pais', 'country', $opcionesPais)
;
}
public function getName()
{
return 'Contacto';
}
public function
setDefaultOptions(OptionsResolverInterface $resolver)
{
$resolver->setDefaults(array(
'data_class' => 'Proyecto\\FormBundle\\Entity\\Contacto',
'validation_groups' => array('Default', 'registration')
));
}
}
```

Al subclasificar Symfony\Component\Form\AbstractType es necesario implementar los métodos buildForm () y getName (). buildForm () recibe una instancia del mismo constructor que utilizamos en los *controllers*. getName () devuelve el nombre que se utilizará en el formulario. Este nombre afecta el atributo name de los campos del formulario. Por ejemplo, el atributo name para el campo nombre tendrá el valor de contacto [nombre].

El método setDefaultOptions () permite configurar los valores por defecto para el array de opciones del formulario. En este caso, se configuró el data_class, que define qué clase será "mapeada" para el formulario, y validation_groups, que define que grupos de reglas de validación se utilizarán.

Para probar, añada la *action* a continuación en el *controller* DefaultController disponible en src/Proyecto/FormBundle/Controller/DefaultController.php:

```php
/**
 * @Route("/Contacto-formulario-personalizado")
 *
 * @Template("ProyectoFormBundle:Default:index.html.twig"
)
 */
public function
ContactoFormularioPersonalizadoAction()
{
$form = $this->createForm(new
\Proyecto\FormBundle\Form\Type\ContactoType(), new
Contacto());
$request = $this->get('request');
if ($request->isMethod('POST')) {
$form->bind($request);
if ($form->isValid()) {
// ...
$data = $form->getData();
return $this->redirect($this->generateUrl('exito'));
}
```

```
}
return array('form' => $form->createView());
}
```

CREACIÓN DE UN HANDLER DE FORMULARIO

Incluso después de la creación de un formulario personalizado el *controller* todavía realiza mucha lógica. Una alternativa para reducir aún más la cantidad de procesamiento específico de formulario en los *controllers* es crear un *handler* de formulario. Cree la clase ContactoHandler en el directorio src/Proyecto/FormBundle/Form/Handler:

```php
<?php
namespace Proyecto\FormBundle\Form\Handler;
use Symfony\Component\HttpFoundation\Request;
use Symfony\Component\Form\FormInterface;
class ContactoHandler
{
private $form;
private $request;
public function __construct(FormInterface $form,
Request $request)
{
$this->form = $form;
$this->request = $request;
}
```

```php
public function process()
{
if ('POST' === $this->request->getMethod()) {
$this->form->bind($this->request);
if ($this->form->isValid()) {
// Lanzar evento, procesar...
return true;
}
}
return false;
}
}
```

Añada la *action* por debajo del *controller* DefaultController disponible en src/Proyecto/FormBundle/Controller/DefaultController.php:

```php
/**
* @Route("/Contacto-formulario-handler")
*
@Template("ProyectoFormBundle:Default:index.html.twig"
)
*/
public function ContactoFormularioHandlerAction()
{
$form = $this->createForm(new
\Proyecto\FormBundle\Form\Type\ContactoType(), new
Contacto());
```

```
$handler = new
\Proyecto\FormBundle\Form\Handler\ContactoHandler($fo
rm, $this->get('request'));
if ($handler->process()) {
return $this->redirect($this->generateUrl('exito'));
}
return array('form' => $form->createView());
}
```

Consejo: los *handlers* de formularios son muy fáciles de ser probados de manera unitaria. Es una buena práctica.

Nota: esta forma de organización de procesamiento de formularios es común en los *bundlers* *FriendsOfSymfony* como el *FOSUserBundle*.

RESUMEN

Crear formularios con Symfony es una tarea agradable. Potente y flexible, vimos lo fácil que es agregar reglas de validación, utilizar diferentes grupos de validación, creación de tipos personalizados y *handlers* para reducir la cantidad de la lógica en los controllers.

Hay otras características en los formularios de Symfony que no fueron cubiertas en este capítulo, como configuración de templates, formularios embebidos y uso de formularios sin necesidad de utilizar un objeto. La documentación oficial tiene un gran capítulo sobre formularios donde puede ver más información sobre esta materia.

PERSISTENCIA

Persistir los datos de un modelo de dominio siempre ha sido un problema: mapear los datos disponibles en un gráfico de objetos a la realidad relacional no es fácil. Este es el objetivo de los ORMs (Object Relational Mapping) y, en PHP, el más conocido de ellos es el Doctrine2 para el que Symfony dispone de integración.

USANDO EL ORM DOCTRINE2

Vamos a persistir la entidad Proyecto\FormBundle\Entity\Contacto en este capítulo. Una entidad no es más que una clase que conserva información. La simplicidad de esta definición es también su principal fortaleza: esta simple clase puede desarrollarse como cualquier otra clase de la aplicación, con la lógica de negocio o no, con pruebas unitarias o no y luego ser mapeada para persistencia.

Para que una entidad pueda ser conservada debe ser mapeada. Antes de todo esto, tenemos que configurar y crear la base de datos.

CONFIGURACIÓN DE LA CONEXIÓN A LA BASE DE DATOS

Abra el archivo app/config/parameters.yml. Cambie el valor de database_name a proyecto:

parameters:

database_driver: pdo_mysql
database_host: localhost
database_port: ~
database_name: proyecto
database_user: root
database_password: ~

Con las configuraciones de la base ajustadas, ejecute el siguiente comando:

$ php app/console doctrine:database:create

Esto creará la base de datos proyecto en MySQL.

MAPEANDO UNA ENTIDAD

En el capítulo de Formularios utilizamos la entidad Proyecto\FormBundle\Entity\Contacto como base para el formulario de creación de nuevos contactos. Sin embargo, la entidad no fue mapeada y por lo tanto no puede tener persistencia. Vamos a mapearla y a ver algunas de las características de Doctrine2 ORM.

Haremos el mapeamiento usando *annotations*. He aquí una advertencia: a diferencia de otros componentes que se pueden configurar usando un complejo de archivos de configuración (YAML, XML o PHP) y *annotations*, las entidades sólo pueden ser configuradas usando una forma u otra.

Actualice la entidad (disponible en src/Proyecto/FormBundle/Entity/Contacto.php). Los cambios, además del mapeamiento, son la inclusión del atributo $id y sus métodos getter/setter:

```php
<?php
namespace Proyecto\FormBundle\Entity;
use Symfony\Component\Validator\Constraints as Constraint;
use Doctrine\ORM\Mapping as ORM;
/**
 * @ORM\Entity
 */
class Contacto
{
/**
 * @ORM\Id
 * @ORM\Column(type="integer")
 * @ORM\GeneratedValue(strategy="AUTO")
 */
private $id;
/**
```

```php
* @ORM\Column(type="string", length=100)
*/
private $nombre;
/**
* @ORM\Column(type="date")
*/
private $fechaNacimiento;
/**
* @ORM\Column(type="string", length=255, nullable=true)
*/
private $email;
/**
* @Constraint\MinLength(limit=8)
* @Constraint\MaxLength(limit=10)
* @ORM\Column(type="string", length=10, nullable=true)
*/
private $telefono;
/**
* @ORM\Column(type="smallint")
*/
private $tipoContacto;
/**
* @ORM\Column(type="string", length=2, nullable=true)
*/
private $pais;
public function getId()
{
return $this->id;
```

```
}
public function setId($id)
{
$this->id = $id;
}
// ...
```

La *annotation* @ORM\Entity informa que la clase es una entidad mapeada. Es decir, mapea una entidad a una tabla. @ORM\Id informa que el atributo en cuestión es una clave primaria mientras que @ORM\GeneratedValue sirve para definir que estrategia de generación de valores será utilizada para esta clave (en este caso, usa la estrategia por defecto de la base de datos subyacente, en MySQL, por ejemplo, usa AUTO_INCREMENT). @ORM\Column sirve para mapear un atributo a una columna de la tabla, con la definición del tipo y otras características de la columna.

Con esto listo, ejecute:

$ php app/console doctrine: schema:update –force

Este comando lee las definiciones de mapeamiento y crea las tablas necesarias en la base de datos para las entidades asignadas. En este caso, se creó la tabla Contacto:

```
mysql> desc Contacto;

+-----------------+--------------+------+-----+---------+-------------------------+
```

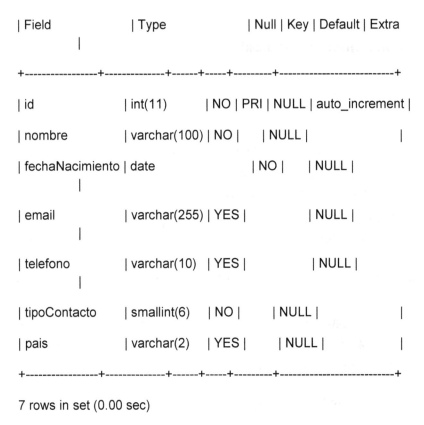

Field	Type	Null	Key	Default	Extra
id	int(11)	NO	PRI	NULL	auto_increment
nombre	varchar(100)	NO		NULL	
fechaNacimiento	date	NO		NULL	
email	varchar(255)	YES		NULL	
telefono	varchar(10)	YES		NULL	
tipoContacto	smallint(6)	NO		NULL	
pais	varchar(2)	YES		NULL	

7 rows in set (0.00 sec)

Consejo: Doctrine crea las tablas utilizando el nombre de la entidad. Para usar un nombre diferente puede utilizar la *annotation* @ORM\Table (name = "nombre_tabla").

PERSISTENCIA DE OBJETOS EN LA BASE DE DATOS

Añada una nueva *action* en el *controller* DefaultController disponible en src/Proyecto/FormBundle/Controller/DefaultController.php:

```
/**
* @Route("/crear-Contacto")
*/
public function crearContactoAction()
{
$Contacto = new Contacto();
$Contacto->setNombre('Fran');
$Contacto->setEmail('fran@gmail.com');
$Contacto->setFechaNacimiento(new \DateTime('1980-07-10'));
$Contacto->setTipoContacto(1);
// Recupera el EntityManager.
$em = $this->getDoctrine()->getManager();
// Añade la entidad al EntityManager.
$em->persist($Contacto);
// Flush!
$em->flush();
$id = $Contacto->getId();
return new Response("<html><body>Creado Contacto $id</body></html>");
}
```

Con la entidad asignada mantener objetos básicamente se convierte en una cuestión de recuperar el *entity manager* (gerente de entidades, responsable de computar las persistencias a ser realizadas por las entidades que mantiene bajo gestión), añadir la entidad con él y luego pedirle que ejecute operaciones de persistencia (llamada al método flush ()).

RECUPERACIÓN DE UN OBJETO DE LA BASE DE DATOS

Añada otra *action* al DefaultController:

```php
/**
 * @Route("/Contacto/{id}", requirements={ "id": "\d+" },
 * name="mostrar-Contacto")
 */
public function mostrarContactoAction($id)
{
$Contacto = $this->getDoctrine()
->getRepository('ProyectoFormBundle:Contacto')
->find($id);
if (!$Contacto) {
throw $this->createNotFoundException("Ningún Contacto
encontrado com el id $id.");
}
$nombre = $Contacto->getNombre();
return new Response("<html><body>Contacto: $id,
nombre: $nombre</body></html>");
}
```

Para recuperar un objeto de la base de datos hay que recuperar primero el *entity repository* (repositorio de entidad, que sabe cómo recuperar objetos de una entidad en particular) de la entidad y luego utilizar uno de los métodos *finder*. En este caso, utilizamos el find () que toma como argumento un valor de clave primaria.

```php
$ repository = $ this-> getDoctrine ()
->getRepository('ProyectoFormBundle:Contacto');
// Busca por la clave primaria.
$Contacto = $repository->find($id);
// Métodos dinámicos para buscar por un valor de
determinada columna.
$Contacto = $repository->findOneById($id);
$Contacto = $repository->findOneByNombre('Fran');
// Todo!
$Contactos = $repository->findAll();
// Buscar todos los Contactos de un determinado país.
$Contactos = $repository->findByPais('ES');
```

Además de los métodos finder (), Doctrine tiene un *query builder*.

```php
$repository = $this->getDoctrine()
->getRepository('ProyectoFormBundle:Contacto');
$query = $repository->createQueryBuilder('c')
->where('c.pais = :pais')
->setParameter('pais', 'ES')
->orderBy('c.nombre', 'ASC')
->getQuery();
```

```
$Contactos = $query->getResult();
```
Otras formas de recuperar objetos de la base son consultas con SQL o DQL, que son muy útiles en casos más específicos. Buenos casos de uso para la utilización de una búsqueda SQL implican la optimización de rendimiento mientras que búsquedas DQL le darán una mejor portabilidad.

ACTUALIZACIÓN DE UN OBJETO DE LA BASE DE DATOS

Modificar un objeto es muy sencillo, basta con recuperar una entidad del *entity repository*, cambiar algún valor y luego añadir para el *entity manager* invocar flush ():

```
/**
 * @Route("/actualizar-Contacto/{id}", requirements={ "id":
"\d+" })
 */
public function actualizarContactoAction($id)
{
$Contacto = $this->getDoctrine()
->getRepository('ProyectoFormBundle:Contacto')
->find($id);
if (!$Contacto) {
throw $this->createNotFoundException("Ningún Contacto
encontrado con el id $id.");
```

```php
}
// Actualiza la entidad.
$Contacto->setNombre('Jose');
$em = $this->getDoctrine()->getManager();
$em->persist($Contacto);
$em->flush();
return $this->redirect($this->generateUrl('mostrar-
Contacto', array('id' => $id)));
}
```

ELIMINACIÓN DE UN OBJETO DE LA BASE DE DATOS

Si para mantener se utiliza el método persist () del entity manager para borrar utilizamos el remove ().

```php
/**
* @Route("/borrar-Contacto/{id}", requirements={ "id":
"\d+" })
*/
public function borrarContactoAction($id)
{
$Contacto = $this->getDoctrine()
->getRepository('ProyectoFormBundle:Contacto')
->find($id);
if (!$Contacto) {
throw $this->createNotFoundException("Ningún Contacto
encontrado con el id $id.");
```

```
}
// Borra la entidad.
$em = $this->getDoctrine()->getManager();
$em->remove($Contacto);
$em->flush();
return new Response("<html><body>Contacto $id
eliminado con éxito.</body></html>");
}
```

RECUPERANDO Y PERSISTIENDO UNA ENTIDAD A TRAVÉS DE UN FORMULARIO

En el capítulo de Formularios creamos un formulario para "crear" contactos. Ahora que la entidad Proyecto\FormBundle\Entity\Contacto está mapeada basta mantenerla. Actualice la action contactoFormularioPersonalizadoAction ():

```
/**
* @Route("/Contacto-formulario-personalizado")
*
@Template("ProyectoFormBundle:Default:index.html.twig"
)
*/
public function
ContactoFormularioPersonalizadoAction()
{
```

```php
$form = $this->createForm(new ContactoType(), new
Contacto());
$request = $this->get('request');
if ($request->isMethod('POST')) {
$form->bind($request);
if ($form->isValid()) {
// Devuelve una instancia de Contacto rellena con los
datos válidos procedentes del formulario.
$Contacto = $form->getData();
$em = $this->getDoctrine()->getManager();
$em->persist($Contacto);
$em->flush();
//return $this->redirect($this->generateUrl('exito'));
return $this->redirect($this-
>generateUrl('mostrar_Contacto', array('id' =>
$Contacto->getId())));
}
}
return array('form' => $form->createView());
}
```

En el caso del *handler* de formulario, una sugerencia sería realizar persistencia en el *handler* y devolver el valor de $id de true:

```php
<?php
namespace Proyecto\FormBundle\Form\Handler;
use Symfony\Component\HttpFoundation\Request;
use Symfony\Component\Form\FormInterface;
```

```php
use Doctrine\ORM\EntityManager;
class ContactoHandler
{
private $form;
private $request;
private $em;
public function __construct(FormInterface $form,
Request $request, EntityManager $em)
{
$this->form = $form;
$this->request = $request;
$this->em = $em;
}
public function process()
{
if ('POST' === $this->request->getMethod()) {
$this->form->bind($this->request);
if ($this->form->isValid()) {
$Contacto = $this->form->getData();
$this->em->persist($Contacto);
$this->em->flush();
return $Contacto->getId();
}
}
return false;
}
}
```

La *action* contactoFormularioHandlerAction ()
quedaría así:

```
/**
 * @Route("/Contacto-formulario-handler")
 *
 * @Template("ProyectoFormBundle:Default:index.html.twig"
 )
 */
public function ContactoFormularioHandlerAction()
{
$form = $this->createForm(new ContactoType(), new
Contacto());
$handler = new ContactoHandler($form, $this-
>get('request'), $this->getDoctrine()-
>getManager());
if ($id = $handler->process()) {
return $this->redirect($this-
>generateUrl('mostrar_Contacto', array('id' => $id)));
}
return array('form' => $form->createView());
}
```

RESUMEN

Los ORM permiten el desarrollo de la persistencia de
manera más consistente y fácil de mantener. Proyectos
como Doctrine2 ayudan a desarrollar de forma más rápida
y segura. El tiempo que antes se gastaba en el desarrollo

de la persistencia de los datos (y mapeamiento entre los datos del modelo relacional con la gráfica de objetos) ahora se puede utilizar para implementar las reglas de negocio.

En este capítulo sólo se mostró el CRUD (Create, Retrieve, Update, Delete) básicos utilizando únicamente *annotations* para el mapeamiento. Doctrine es un proyecto fantástico. Consulte la documentación oficial para más información.

EL CONTENEDOR DE SERVICIOS

La documentación Symfony hace una gran definición de lo que es un servicio: "un servicio es simplemente cualquier objeto PHP que realiza algún tipo de tarea global" y de lo que es un Contenedor de Servicios: "un Contenedor de Servicios (o Contenedor de Inyección de Dependencia) es simplemente un objeto PHP que gestiona la instanciación de servicios".

El contenedor de servicios de Symfony es una de las principales razones de la extensibilidad y desempeño del framework. Varios objetos se crean sólo cuando (y sí) se necesitan. Las clases son más abstractas y utilizan ampliamente la inyección de dependencia. Para el desarrollador de la aplicación esto significa que es más fácil crear pruebas unitarias (utilizar la inyección de dependencia favorece el uso de *mocks*) y una mayor facilidad de utilización en el uso de diferentes objetos - de ahora en adelante servicios.

DEFINIENDO SERVICIOS

Vamos a definir un servicio sencillo. El servicio sólo comprobará si el contacto tiene una cuenta en el GitHub y devolver el retorno de la API. En primer lugar, cree la

clase GitHub en el directorio
src/Proyecto/FormBundle/PerfilWeb:

```php
<?php
namespace Proyecto\FormBundle\PerfilWeb;
use Doctrine\ORM\EntityManager;
class GitHub
{
private $url;
private $em;
public function __construct($url, EntityManager $em)
{
$this->url = $url;
$this->em = $em;
}
public function getData($nombre)
{
$Contacto = $this->em-
>getRepository('ProyectoFormBundle:Contacto')-
>findOneByNombre($nombre);
if (!$Contacto) {
return false;
}
$data = json_decode(file_get_contents($this->url . '/users/'
. strtolower($Contacto-
>getNombre()))));
return !isset($data->message) ?
$data : false;
```

```
}
}
```

La clase es bastante simple. El constructor tiene dos argumentos. $url es la dirección URL del servicio (útil en caso de cambio de dirección) y $em es una instancia de Doctrine\ORM\EntityManager que se utiliza en el método getData () para buscar un contacto por nombre.

Si el contacto existe, getData () hace una solicitud a la API de GitHub.

Utilizar esta clase es bastante fácil basta con crear una instancia de la misma. Añada la *action* en el *controller* DefaultController disponible en src/Proyecto/FormBundle/Controller/DefaultController.php:

```php
/**
 * @Route("/Contacto/github/{nombre}")
 */
public function ContactoGitHubAction($nombre)
{
$gitHub = new
\Proyecto\FormBundle\PerfilWeb\GitHub('https://api.github.com', $this-
>getDoctrine()->getManager());
$data = $gitHub->getData($nombre);
if (!$data) {
return new Response("<html><body>No fue encontrado un perfil en el GitHub para el Contacto!
```

```
</body></html>");
}
$data = print_r($data, true);
return new Response("<html><body>Contacto: $nombre,
GitHub data:
<pre>$data</pre></body></html>");
}
```

Cree un contacto usando como nombre una cuenta GitHub (ejemplos: torvalds, fabpot, KentBeck) y a continuación, visite la página a la que el *controller* mapea.

Hasta el momento tenemos una clase que utiliza la inyección de dependencias para configurarla. El siguiente paso es configurar un servicio. Agregue las siguientes líneas al final del archivo app/config/config.yml:

```
parameters:
proyecto_form.perfil_web.github.class:
Proyecto\FormBundle\PerfilWeb\GitHub
proyecto_form.perfil_web.github.url: https://api.github.com
services:
proyecto_form.perfilweb.github:
class: "%proyecto_form.perfil_web.github.class%"
arguments: [ %proyecto_form.perfil_web.github.url%,
@doctrine.orm.entity_manager ]
```

A continuación, actualice el *controller*.

```
/**
```

```
* @Route("/Contacto/github/{nombre}")
*/
public function ContactoGitHubAction($nombre)
{
$gitHub = $this->get('proyecto_form.perfilweb.github');
$data = $gitHub->getData($nombre);
if (!$data) {
return new Response("<html><body>No fue encontrado
un perfil en el GitHub para el Contacto!
</body></html>");
}
$data = print_r($data, true);
return new Response("<html><body>Contacto: $nombre,
GitHub data:
<pre>$data</pre></body></html>");
}
```

Utilizar el servicio GitHub fue mucho más conveniente. Y configurar el servicio es muy simple. En los archivos de configuración globales, los servicios se configuran debajo de la clave services. proyecto_form.perfilweb.github es el nombre del servicio, que se utilizó como parámetro en la llamada a get () (método heredado del controller Symfony\FrameworkBundle\Controller\Controller) en la *action* contactoGitHubAction (). class informa qué clase el Contenedor de Servicio instanciará cuando se solicite el servicio. arguments son los valores que se pasan como argumentos para el constructor de la clase.

El primer argumento es un parámetro del contenedor de servicios. Los parámetros se establecen debajo de la clave parameters. Cuando se utilizan los parámetros en la definición de un servicio, deben llevar %. El segundo argumento hace referencia al servicio doctrine.orm.entity_manager – siempre que un valor es precedido por @ se debe a que hace referencia a un servicio llamado así después del carácter.

Consejo: es preferible definir sus servicios en el archivo de configuración del contenedor de servicios del *bundle* en el que reside el servicio. Como el *bundle* ProyectoFormBundle tiene un archivo services.xml la configuración en YAML convertida a XML sería:

```
<parameters>
<parameter
key="proyecto_form.perfil_web.github.class">Proyecto\For
mBundle\PerfilWeb\GitHub</parameter>
<parameter
key="proyecto_form.perfil_web.github.url">https://api.githu
b.com</parameter>
</parameters>
<services>
<service id="proyecto_form.perfilweb.github"
class="%proyecto_form.perfil_web.github.class%">
<argument>%proyecto_form.perfil_web.github.url%</argu
ment>
```

```
<argument type="service"
id="doctrine.orm.entity_manager" />
</service>
</services>
```

La consola de Symfony dispone de un comando muy útil que muestra los servicios disponibles para el uso del framework y de la aplicación:

```
$ php app/console container:debug
$ php app/console container:debug
proyecto_form.perfilweb.github
```
El primer comando lista todos los servicios mientras que el segundo lista informaciones específicas del servicio proyecto_form.perfilweb.github.

El servicio que definimos usa la inyección de dependencia a través de constructor. También puede hacerlo a través de métodos *setter*:

```
services:
proyecto_form.perfilweb.github:
class: "%proyecto_form.perfil_web.github.class%"
arguments: [ @doctrine.orm.entity_manager]
calls:
- [ setUrl, [ %proyecto_form.perfil_web.github.url% ] ]
Cambie la clase GitHub:
<?php
namespace Proyecto\FormBundle\PerfilWeb;
```

```php
use Doctrine\ORM\EntityManager;
class GitHub
{

private $url;
private $em;
public function __construct(EntityManager $em)
{
$this->em = $em;
}
public function setUrl($url)
{
$this->url = $url;
}
// ...
```

RESUMEN

El contendor de servicios proporciona una mejor experiencia para el desarrollador al hacer la creación y consumo de los servicios más conveniente. Su buen uso ayuda a mejorar la capacidad de prueba, a reducir el acoplamiento y en la creación de clases más cohesionadas. En gran parte responsable de la mejora en la arquitectura del propio framework, el contenedor de servicios puede ser su gran aliado en la creación de arquitecturas orientadas a servicios.

EDITORIAL

IT Campus Academy es una gran comunidad de profesionales con amplia experiencia en el sector informático, en sus diversos niveles como programación, redes, consultoría, ingeniería informática, consultoría empresarial, marketing online, redes sociales y más temáticas envueltas en las nuevas tecnologías.

En **IT Campus Academy** los diversos profesionales de esta comunidad publicitan los libros que publican en las diversas áreas sobre la tecnología informática.

IT Campus Academy se enorgullece en poder dar a conocer a todos los lectores y estudiantes de informática a nuestros prestigiosos profesionales, como en este caso Miguel Torres, analista de software con más de 8 años de experiencia, que, mediante sus obras literarias, podrán ayudar a nuestros lectores a mejorar profesionalmente en sus respectivas áreas del ámbito informático.

El Objetivo Principal de **IT Campus Academy** es promover el conocimiento entre los profesionales de las nuevas tecnologías al precio más reducido del mercado.

EL AUTOR

Este libro ha sido elaborado por Miguel Torres Hernández, consultor y analista de software con más de 10 años de experiencia dirigiendo equipos de desarrollo de aplicaciones web en España y Latinoamérica.